내 안의
소음을
줄여라

걱정과 집착에서 벗어나
중요한 일에 집중하는 법

내 안의

CUT THE NOISE

소음을

줄여라

크리스 헬더 지음 | **김은지** 옮김

이터

내 삶에 집중하라

—

행복해 보여야 한다는 압박감에서 벗어나라

오늘날 우리는 셀 수 없이 많은 정신적 소음에 시달리고 있다. 지금 이 순간에도 우리 눈앞에는 수많은 선택지가 놓여 있다. 검색해봐야 할 것들, 생각해야 할 것들, 걱정해야 할 것들, 무엇보다 죄책감을 느껴야 할 것들이 한두 가지가 아니다. 이러한 상황에서 완벽을 추구하기란 쉽지 않다. 그런데 신기하게도 나 말고 다른 사람들은 모두 완벽해 보인다.

사람들은 늘 미소를 짓고 있다. 한 손에는 술잔을 들고 큰 소리로 웃으며 파티를 즐기거나 열대 지방의 낙원에서 휴가를 보내기도 한다. 보란 듯이 그들의 삶에서 가장 멋지고 화려한 순간을 자랑한다. 너무도 신나고 즐거워 보인다. 하지만 알고 보면 그 어디에도 완벽한 인생은 없다.

요즘 우리는 스마트폰이나 태블릿 PC 등을 통해 다른 사람의 삶을 쉽게 들여다본다. 그리고 대부분 타인의 행복에 진심으로 기뻐한다. 친구나 지인이 진정한 사랑을 찾고, 가족과 소중한 시간을 보내고, 또 고급 레스토랑에서 일류 요리를 즐기며 중요한 순간을 기념하기를 바란다. 이러한 삶의 일부를 함께 나눌 수 있어 기쁘게 생각한다. 그러면서 한편으로는 신나고 즐거운 내 삶의 일부 역시 공유하고 인정받고 싶다는 생각을 한다. 사람들에게 호감을 얻고 인정을 받는 것은 분명 기분 좋은 일이기 때문이다.

문제는 우리의 삶이 완벽할 수 없다는 점에 있다. 실제 현실과 우리가 현실이라고 생각하는 것 사이에는 커다란 간극이 존재한다. 그리고 이 간극을 메울 수 없을 때 우리는 죄책감을 느낀다.

우리가 사는 세상은 끊임없이 정보 공세를 퍼붓는 동시에 돈, 비즈니스, 인간관계, 육아, 가족, 친구 그리고 건강까지 삶의 모든 부분을 속속들이 드러내고자 한다. 미디어 시대를 살아가고 있는 우리는 지인들 그리고 SNS 친구들에게 나의 가장 좋은 모습을 보여주어야 한다는 압박을 받지만 이는 오히려 삶의 만족감을 떨어뜨리고, 기대치만 높일 뿐이다.

완벽하지 않아도 괜찮다

지난 16년 동안 나는 다섯 개의 대륙을 돌며 2천여 명이 넘는 사람들 앞에서 강연을 했다. 그 과정에서 정신적 소음을 극복하기 위해 애쓰는 사람들을 수도 없이 많이 만났다. 모두가 지치지 않는 체력을 겸비하고 노화를 이겨내는 동시에 완벽한 부모와 파트너, 남편, 아내, 직원 또는 사장이 되고자 노력했다. 내면의 소음은 대개 이렇듯 높은 기대치를 만족시키지 못했다는 죄책감에서 비롯된다.

늦게까지 야근을 한 사람은 일찍 퇴근해서 가족과 시간을 보내지 못한 것에 미안한 감정을 느낀다. 또 집안일을 하느라 건강과 몸매를 챙길 여유가 없는 사람도 있다. 일과 가정, 건강을 모두 중요시하고 싶지만 바쁜 탓에 소홀한 부분이 생긴다는 생각이 우리 마음속에 늘 자리 잡고 있다.

내가 이 책을 쓰는 목적은 완벽함을 추구하는 우리의 욕심이 오히려 보람차고 즐거운 삶을 사는 데 방해가 된다는 사실을 전하기 위해서다. 완벽하려 애쓰기보다는 우리가 마주한 모든 상황을 최대한 긍정적으로 활용하는 데 집중해야 한다.

얼마 전 친한 친구와 이야기를 나누다가 죄책감과 관련된 경험담을 듣게 되었다. 이건 그가 도저히 이길 수 없는 게임이었다. 그는 점심시간마다 헬스장에 가서 운동을 하고자 했다. 매일 시계가 11시 반을 가리키면 그는 헬스장에 갈 생각이었는데, 일이 너무 바빠서 운동을 빼먹은 날에는 점심시간 내내 자신의 선택에 대해 죄책감을 느꼈다. 그런가 하면 헬스장에 간 날 역시 운동을 하면서 수시로 스마트폰을 확인했다. 운동에 제대로 집중하지 못했다는 생각에 그는 또 죄책감을 느낄 수밖에 없었다.

나는 우리 모두가 겪는, 이러한 반복적인 감정에서 내 친구가 벗어나도록 도와주고 싶었다. 자신을 탓하는 것을 멈추도록 말이다.

그렇다면 도대체 어떻게 해야 할까? 이 책에서는 이런 상황에서 10초 동안 죄책감을 느낀 다음, 다른 생각으로 넘어가는 방법을 소개한다. 이 방법이 당신의 마음에 들 뿐만 아니라 더욱 즐겁게 사는 데 도움이 되기를 바란다. 이는 부정적인 감정을 있는 그대로 받아들인 후 재빨리 그 감정을 넘어서는 방법이다. 우리가 걱정하고 마음 쓰는 일들의 90퍼센트 이상이 절대로 일어나지 않거나 우리 힘으로 어쩌지 못한다는 연구 결과도 있다.

이와 같은 방법은 호주에서 큰 반응을 일으켰다. 성별을 막론하고 많은 호주 사람들이 강연이 끝나고 나를 찾아와 완벽해지고 싶다는 마음에서 우러나온 죄책감에 대해 털어놓았다. 특히 여성들은 유능한 커리어 우먼, 집안일의 달인, 훌륭한 엄마, 멋진 아내, 그리고 완벽한 친구가 되는 동시에 요가를 하거나 헬스장에서 운동도 하고 틈틈이 시어머니에게 전화까지 드려야 하는 고충을 이야기했다. 이건 도저히 불가능한 일 아닌가!

-
큰 변화보다 작은 변화를 추구하라

요즘 우리는 마구잡이로 쏟아지는 각종 뉴스와 가짜 뉴스 그리고 SNS 메시지에 둘러싸여 허덕이고 있다. 이런 외부의 소음은 결국 어떤 것에 신경 써야 하고, 어떻게 행동해야 한다는 내면의 소음을 만들어낸다. 거대한 정보의 물결은 우리 자신의 부족한 점을 자꾸만 드러낸다. 이 때문에 우리는 삶의 질을 개선하고, 일적으로 성공을 거두는 동시에 건강도 챙기는 등 전반적으로 행복해 보여야 한다는 압박에 시달린다. 그리고 이것에 실패하면 죄책감을 느낀다.

거대한 양의 정보에 따르면 우리는 체중을 줄이고, 탄수화물을 연소시키고, 설탕과 소금 섭취를 자제하고, 건강에 좋은 슈퍼푸드를 더 많이 먹어야 한다. 그런데 때로는 소위 말하는 전문가들의 의견조차 이랬다저랬다 한다. 제품을 홍보하려는 마케팅에 너무 많이 노출되어 있다 보니 쏟아지는 정보들에 우리가 오히려 압도당한다. 게다가 그런 것들은 하나같이 우리에게 삶의 방식을 바꾸라는 메시지를 던진다. 회의나 학회에서 만나는 수많은 동기부여 연설가들 역시 청중을 향해 스스로를 변화시키고 삶의 방식을 궁극적으로 바꾸라고 이야기한다. 그러나 사람들은 대부분 삶의 변화를 감당할 수 없는 어려운 과제라고 생각한다.

많은 사람들이 변화를 꺼린다. 물론 예외인 사람들도 있겠지만, 대개 두 배 또는 세 배의 결과치를 얻기 위해 무리하게 노력하고 의지를 다잡고 싶어 하지 않는다. 그보다는 현실적이고 달성 가능한 선에서 인생을 최대한 즐기고자 한다. 이미 많은 일들을 해내며 열심히 살고 있기 때문이다. 나는 이것만으로도 충분하다고 생각한다.

필자의 경험으로 미루어볼 때 많은 사람들에게 유용하고 효율적인 변화란 실제로 삶의 모든 부분을 바꾸는 것이 아니다. 오히려 정말로 개선하고자 하는 한두 가지에 집중할 때 진정한 변화를 이끌어낼 수 있다. 장애물 몇 개를 살짝 옮기는 것만으로 더 큰 성공을 거둘 수 있고, 나아가 앞으로의 인생과 커리어의 궤도도 완전히 바꿀 수 있다.

당신이 더욱더 만족스러운 삶을 살기 위해 필요한 작은 변화들을 찾아내고 실천하는 데 이 책이 도움이 되기를 바란다. 이미 당신은 무엇을 해야 하는지 잘 알고 있을 것이다.

—

소음을 줄이면 더 나은 삶이 기다린다

이 책은 총 3부로 구성되어 있다. 먼저 1부는 두 개의 사례를 연구하는 것으로 시작한다. 그리고 2부에서는 유용하면서 영감을 불어넣어줄 실천 방법과, 그와 관련된 일화를 소개한다. 끝으로 3부에서는 소음을 줄이는 방법 10단계를 총정리 한다. 이와 같이 구성한 이유는 이전 책《도움이 되는 신념: 긍정적 사고보다 훨씬 더 효과적인Useful Belief: Because it's better than positive thinking》을 쓰면서 사례 연구를 통해 메시지를 얼마나 더 효율적으로 전달할 수 있는지 경험했기 때문이다. 이 책 속에서, 실생활에서 응용할 수 있는 여러 가지 방법들을 만나게 될 것이다.

우리의 삶은 타인과의 소통과 교류로 연결된 패치워크라고 할 수 있다. 1부에서 소개하는 두 개의 사례에서는 다른 사람과 나누는 대화를 통해 화자가 현재 겪고 있는 문제점을 파악해볼 수 있다.

첫 번째 대화에서는 멜버른에 있는 카페를 배경으로 윌과 조지아가 현시대의 삶과 일에 있어서 죄책감이 무엇인지 의견을 나눈다. 그리고 두 번째 대화에서는 노아가 시골에서 열리는 여동생 새미의 결혼식에 갔다가 그녀와 이야기를 나누는데, 이를 통해 자신의 삶을 긍정적으로 바꿀 수 있는 비결을 찾게 된다.

두 사례와 이어지는 일화가 스스로의 상황을 좀 더 정확하게 인식하고, 업무적으로나 개인적으로나 관계를 개선하는 데 도움이 되기를 바란다. 이를 통해 인생에서 쓸모없는 소음은 줄이고, 소통과 행동을 방해하는 장애물을 제거하는 방법을 배울 수 있을 것이다. 또한 진정으로 의미 있는 일들을 바탕으로 우선순위를 정하고, 죄책감 없이 모든 순간을 최대한 즐기는 요령을 익힐 수 있을 것이다.

이 책은 내 안의 소음을 줄이는 데 초점을 맞추고 있다. 중요한 것들에 집중하고, 방해를 일삼는 소음으로부터 벗어나는 것이 목적이다. 내 안의 소음을 줄여보자. 그러면 죄책감에서 벗어나면서 더 나은 결과를 얻을 수 있을 것이다.

이 책을 읽는 동안은 이기적이 되기를 바란다. 자신에게 중요한 것이 무엇인지만 생각하자. 만약 수긍이 가지 않는 내용이 있다면 과감히 페이지를 넘겨도 좋지만, 이 책의 내용을 잘만 응용한다면 더욱더 만족스러운 삶을 만들어나가는 데 도움이 될 것이다. 이제 이 책을 본격적으로 즐기기를 바란다.

차례

들어가며 내 삶에 집중하라 • 5

1부
소음을 줄이면 잡념이 사라진다
– 이론 편

1장_ 불필요한 죄책감은 벗어던져라
지나친 완벽주의는 오히려 독이 된다 • 23

key point 01 10초 동안만 죄책감 느끼기 • 46

key point 02 아무런 의미 없는 일 무시하기 • 48

key point 03 완벽함보다는 최선을 목표로 하라 • 49

key point 04 여섯 개의 원을 그려 우선순위를 정하라 • 51

key point 05 가속화된 집중력을 발휘하라 • 53

check list 죄책감을 버리기 위한 체크리스트 • 55

2장_ 쓸데없는 장애물은 제거하라
자기 회의와 자기 대화를 차단하라 • 59

key point 01 장애물에 집중하라 • 82

key point 02 익숙한 것에서 벗어나라 • 84

key point 03 삶을 세 가지 카테고리로 나눠라 • 85

check list 장애물을 제거하기 위한 체크리스트 • 86

2부
소음을 줄이면 삶의 질이 달라진다
– 실천 편

3장_ 처음 계획한 목적에 집중하라

목적이 이끄는 삶을 살아라 • 91

목적이 확실하면 죄책감이 사라진다 • 94

check list 목적에 집중하기 위한 체크리스트 • 97

4장_ 나의 진짜 행복에 집중하라

완벽해 보이려 애쓰지 마라 • 101

SNS에 가짜 행복을 연출하지 마라 • 103

check list 진짜 행복을 찾기 위한 체크리스트 • 105

5장_ 결과에 집착하지 마라

지나친 걱정과 집착에서 벗어나라 • 109

지금 이 순간을 즐겨라 • 111

check list 걱정과 집착에서 벗어나기 위한 체크리스트 • 115

6장_ 핵심 믿음과 정체성을 찾아라

가상의 세계에서 빠져나와라 • 119
내 인생을 이끄는 핵심 믿음은 무엇인가? • 124
내가 원하는 모습대로 행동하라 • 127

key point 01   언제나 사랑에 초점을 맞춰라 • 131
key point 02   늘 감사하는 마음을 가져라 • 133
key point 03   남 탓하는 습관을 버려라 • 136
key point 04   남을 돕는 것은 인간의 당연한 도리다 • 138
key point 05   삶의 목적이 명확해야 하는 이유 • 140
check list   내가 원하는 내가 되기 위한 체크리스트 • 143

7장_ 인생에 도움이 되는 신념을 찾아라

나에게 도움이 되는 생각만 하라 • 147
내가 바꿀 수 없는 일에는 신경을 꺼라 • 151
도움이 되는 생각을 실천에 옮겨라 • 153

check list   인생에 도움이 되는 신념을 찾기 위한 체크리스트 • 157

3부
소음을 줄이는 10단계 기술
– 총정리 편

소음을 줄이면 기회가 보인다 • 161

01단계   항상 완벽해 보일 필요는 없다 • 163

02단계   죄책감은 10초만 느끼고 다른 생각으로 넘어가라 • 165

03단계   여섯 개의 우선순위를 정하라 • 167

04단계   목적이 분명하면 집중력이 가속화된다 • 169

05단계   목적을 수시로 점검하라 • 171

06단계   장애물에 집중할수록 성공 확률이 높아진다 • 173

07단계   모든 일이 재미있을 수는 없다 • 176

08단계   결과에 대한 집착을 버려라 • 178

09단계   도움이 되는 신념이 무엇일지 고민하라 • 180

10단계   핵심 믿음과 정체성이 행동을 결정한다 • 182

check list   내 안의 소음을 줄이기 위한 체크리스트 • 184

나오며   소음을 줄이고 나 자신과 소통하라 • 185

감사의말 • 189

CUT
THE
NOISE

1부
**소음을 줄이면
잡념이 사라진다**
| 이론 편 |

01

불필요한 죄책감은
벗어던져라!

"어떤 상황에서든 중요한 일에
초점을 맞추고 소음을 없애야 한다.
그러면 더 나은 결과를
얻을 수 있다."

지나친 완벽주의는
오히려 독이 된다

오늘 아침, 출근 준비가 평소보다 늦어지는 바람에 집을 나서며 우체통에 들어 있던 우편물을 자세히 보지도 않고 꺼내 가방 안에 쑤셔 넣었다. 그리고 사무실에 도착해 한숨 돌리고 나서야 제일 위에 있는 우편물을 뜯었다. 편지를 펼치는데 갑자기 불안감이 몰려왔다. 그것은 바로 장례식장에서 보낸 최종 청구서였다.

돌아가신 할머니는 매우 멋진 여성이었다. 그녀의 에너지는 금세 다른 사람에게 전파되었다. 다정한 분이셨지만 동시에 사람을 잘 이용할 줄 아셨다. 결코 나쁜 뜻은 아니다. 그저 사람을 잘 다루는 요령을 늘 알고 계신 듯했다. 할머니는 팔십이 넘는 나이에도 무언가를 잊어버리는 일이 없으셨다.

장례식장에서 보낸 편지로 인해 보람차게 보낸 할머니의 한평생이 한 바퀴를 돌아 다시 원점으로 돌아왔다. 이제는 우리의 기억 속에서만 살아 숨 쉴 인생이 낯선 마지막을 맞이한 것이다.

내가 가장 좋아하는 할머니에 대한 기억은 바로 춤을 사랑하고, 또 굉장히 잘 추던 그녀의 모습이다. 무대 위에서 나 자신을 완전히 내려놓고 자유롭게 춤추는 것이 어색하고 불편한 나로서는 그녀의 훌륭한 춤 실력이 늘 부러웠다. 춤을 잘 춘다는 것은 아마도 세상에서 가장 즐겁고 행복한 기분일 것이다.

머릿속으로 무대 위를 누비는 할머니의 모습을 그리고 있는데 갑자기 사무실 문을 두드리는 소리가 들렸다.

• • •

리셉션 직원이 문을 열며 아홉 시에 만나기로 한 손님이 도착했음을 알려왔다. 손님은 조지아라는 이름의 여성이었는데, 생산성 개선 업무를 담당할 외부 컨설턴트 면접을 보러 온 것이었다. 솔직히 가족을 잃고 장례식까지 치르느라 정신이 없었던 나는 그녀와의 면접을 준비하지 못했다. 그래서 단순히 그녀가 예전에 어떤 업무를 했고, 우리 회사에서 어떤 일을 하고 싶은지 정도만 질문할 생각이었다. 별생각 없이 즉흥적으로 면접을 끝내려는 마음으로만 가득했다.

몸에 잘 맞는 감색 정장에 새하얀 셔츠를 입은 조지아는 차분하면서도 자신감이 넘쳐 보였다. 그녀의 따스한 미소는 처음 만나는 사람 사이에서 흔히 느낄 수 있는 어색한 기운을 금방 녹이기에 충분했다. 그녀는 여유로워 보였고 아는 것도 많았지만 거만함은 전혀 느껴지지 않았다. 느낌이 좋았다.

나는 그녀에게 우리 조직에 대해 이야기했고, 그녀는 내 말을 경청했다. 내가 말하는 동안 그녀는 메모를 해도 될지 묻고는 곧 열심히 적기 시작했다. 그러다가 갑자기 펜을 멈췄다. 나는 한창 우리 직원들이 접하는 방해 요소들에 대해 설명하고 있던 중이었다. 평소에도 종종 생각하던 것들이었다. 나는 직원들이 사무실 내의 정치적인 문제나 심리 게임, 그리고 그 외 여러 방해 요소들에 휘둘리지 않도록 노력했다. 이런 소음들 때문에 직원들의 집중과 주의가 흐트러질까 봐 걱정했다.

"회사 내에서 발생하는 소음들에 대해 말씀해주세요. 정확하게 어떤 점이 직원들에게 방해가 되나요?"

그녀가 물었다.

나는 잠깐 생각했다. 결정적이고 대단한 문제라고 생각해서 한 말은 아니었다. 그저 직원들이 종종 집중하지 못하는 것을 느꼈을 뿐이었다. 하루에도 신경 써야 할 일들이 산더미처럼 쌓여 있지 않은가. 실은 나 역시도 방해받는다는 느낌이 자주 들었다. 전화벨 소리부터 좀처럼 멈출 생각을 않는 이메일 알림, 문자메시지 그리고 소셜 미디어까지, 하나같이 내 집중력을 떨어뜨리기 위해 경쟁이라도 하는 것 같았다.

문득 어딘가에 연결되어 있지 않으면 무엇인가를 '놓친다'고 느끼고 있다는 것을 깨달았다. 정확히 무엇을 놓치는 것인지는 모르겠지만 확실히 그런 느낌이 들었다.

"글쎄요."

내가 대답했다.

"요즘에는 하도 많은 일들이 일어나니까 모두가 가끔은 힘에 부칠 때가 있다고 생각합니다. 그렇다고 우리 팀원들이 나쁜 의도를 가지고 있는 건 아닙니다. 대부분 매일 출근해서 맡은 일을 훌륭하게 해내는 데 집중하죠. 저는 단지 그들이 중요한 것을 놓칠까 걱정이 되네요."

내 말을 스스로 들으면서 집중의 부재에 대해 내가 얼마나 신경 쓰고 있는지 불현듯 깨달았다. 나 역시 개인적으로 필요한 만큼 충분히 집중하지 못하는 일이 비일비재했다. 우리 팀원들 또한 주의가 흐트러지는 것이 눈에 빤히 보였다. 최근 들어 특히 조직 내의 정치적인 문제들이 불거지고 있었고, 그 때문에 많은 직원들의 집중력이 흐트러지고 있었다.

"무슨 말인지 알겠군요."

그녀가 말했다. 그런데 왠지 정말로 그녀가 내 말을 전부 이해하는 듯한 기분이 들었다.

"제가 이곳에 온 이유가 바로 그런 것들 때문입니다. 제가 하는 일은 생산성에 방해가 되는 장애물을 제거할 수 있도록 조직을 돕는 것이죠."

나는 그녀를 쳐다봤고, 순간 그녀가 자신이 무슨 말을 하는지 정확하게 알고 있다는 확신이 들었다. 하지만 그날 아침, 나 자신이 겪고 있는 생산성 부족에 대해 고민하고 싶지 않았던 터라 대화에 좀 더 집중하기 위해 장소를 바꾸는 것이 좋겠다고 생각했다.

"저, 제가 오늘 아침에 바빠서 커피 마실 시간이 없었는데 밖에 나가 커피 한잔 할까요? 길모퉁이에 커피 맛 좋은 카페가 있는데 거기서 방해 요소와 장애물, 그리고 어떻게 하면 우리 회사가 일을 더 잘할 수 있는지에 대해서 이야기를 계속하죠."

그녀는 미소를 지으며 좋다고 대답했다. 나는 가방과 지갑을 챙겼고, 우리는 이내 엘리베이터로 향했다.

"미안합니다, 조지아. 사실 오늘 아침, 제가 정신이 좀 없었네요."

앞서 나눈 대화가 참 아이러니하다는 생각이 들어 씁쓸한 표정을 지으며 말했다.

"지난주에 할머니가 돌아가셔서 주말에 장례를 치렀거든요. 당신이 사무실에 왔을 때 마침 장례식장에서 보낸 서류를 보고 있었어요. 그래서 당신에 대해 사전에 파악할 시간이 없었습니다. 괜찮다면 면접을 다시 시작한다고 생각하고 대화할 수 있을까요?"

"좋아요."

그녀가 대답했다.

"할머님 일은 유감입니다."

"사실 사람들이 크게 동정하거나 공감할 만한 일은 아닙니다. 할머니는 연세가 많으셨거든요. 그렇잖습니까? 노인의 죽음은 전혀 놀랍지 않아요. 그렇지만 할머니는 불꽃 튀는 인생을 사셨어요. 생기가 넘치셨죠. 그런데 그 불씨가 갑자기 꺼진 것 같은 기분이 듭니다. 아마 모든 노인의 죽음이 그렇지는 않을 겁니다. 불씨가 천천히 오랫동안 약해지다가 꺼지는 경우도 있겠죠. 하지만 할머니는 달랐어요. 마지막까지 불씨가 활활 타올랐어요. 마지막 순간까지 말입니다. 그래서인지 불씨가 꺼지고 나니까 허전한 마음이 크네요."

엘리베이터가 1층에 다다랐을 때쯤 나는 방금 만난 사람에게 너무 개인적인 이야기를 털어놓았다는 생각에 조금 쑥스러운 기분이 들었다. 그녀와 눈이 마주쳤지만 그녀는 아무렇지 않아 보였다. 순간 이런 이야기를 터놓고 할 수 있는 사람이 내 주변에 아무도 없었다는 사실을 깨달았다.

"정말 멋진 분이셨나 보군요. 세상을 떠나보낼 때 그 사람의 나이는 중요하지 않아요. 그저 아프고 고통스럽죠. 사랑했던 사람들이니까요."

우리는 건물 사이로 매섭게 휘몰아치는 차가운 바람을 피하기 위해 외투를 여민 채 바쁘게 돌아가는 멜버른 도심으로 걸어나갔다.

• • •

카페에 들어선 우리는 지나가는 사람들을 구경하기 딱 좋은 창문 옆 테이블을 골랐다. 트렌디한 카페인 만큼 그 자체로도 개성이 넘쳤지만, 그 안을 가득 채운 사람들 역시 각양각색의 개성을 자랑했다.

테이블 위로 창문을 통해 들어온 햇빛이 쏟아졌다. 다시금 미소 짓는 조지아의 얼굴 위로도 햇빛이 스쳤다.

"월."

그녀가 말을 이었다.

"오늘 이렇게 만나주셔서 감사합니다. 주말 내내 힘드셨을 텐데, 월요일 아침 아홉 시부터 이렇게 면접을 보셔야 하는군요. 원하신 다면 면접 일정을 다시 잡아도 괜찮습니다."

"아닙니다, 괜찮아요. 조지아, 당신을 적극 추천하는 사람들이 많았습니다. 이왕 이렇게 만났으니 자기소개를 듣고 싶습니다. 당신의 이야기를 들려주세요."

"아."

그녀가 대답했다.

"제 이야기요? 글쎄요. 월, 오늘 저에게 개인적인 이야기를 들려 주셨으니 저도 일적으로 처음 만나는 사람에게 잘 하지 않는 이야 기를 해보죠. 제가 왜 이 일을 하는지 그 배경을 말씀드릴게요."

"좋습니다."

나는 말했다.

"저도 원래 이런 걸 좋아합니다. 허심탄회하게 이야기하시죠!"

"네, 그러죠. 저는 원래부터 다른 사람을 돕고 싶어 했어요. 어렸을 때에는 부모님이 저에게 많이 의지하셨죠. 친구들도 마찬가지였고요. 어쩌면 다른 사람에게 지나칠 정도로 맞춰주려고 했었는지도 모르겠어요. 물론 그게 무조건 나쁜 것은 아니지만요. 저는 주변 사람들이 잘 지내고, 또 행복한지 확인하는 것이 좋았어요."

"좋은 일처럼 들리는데요."

"그렇기도 하고, 그렇지 않기도 해요. 젊었을 때에는 다른 사람들을 위하는 마음이 제가 하는 일에 영향을 미치기도 했어요. 저는 원래 완벽주의자라서 모든 일을 정확하게 처리해야만 직성이 풀려요. 그래서 어느 한 부분도 놓치지 않으려고 애썼어요. 그리고 제 업무에 모두가 만족하는지도 신경 썼고요. 이런 것들은 대개 좋은 방향으로 도움이 되었어요. 덕분에 할 일을 제대로 하고, 마감 시간도 잘 지키고, 그리고 모두와 잘 지낼 수 있었으니까요."

"완벽한 직원이었군요."

나는 선언하듯 말했다. 그러자 그녀가 미소를 지어 보였다.

"어쩌면요. 하지만 너무 많은 시간을 중요하지도 않은 일에 허비해버렸어요. 거창한 계획을 세우느라 시간을 낭비한 거죠. 모든 상황에서 지나치게 작은 일에까지 세세하게 신경 쓰다 보니 정작 중요한 부분은 놓치고 말았어요."

"그랬군요. 그러기 쉽죠. 우리 모두 그럴 때가 있으니까요."

"맞아요. 그런데 문제는 모든 일을 완벽하게 해내지 못했다는 생각에 죄책감이 느껴지곤 하는 것이었어요. 집중하지 않아도 될 작은 부분에까지 신경 쓰다가 전체적인 일의 방향이 원래 계획에서 벗어나면 실망하고 좌절했거든요."

조지아의 말을 들으면서 나는 지금 내 생활에서 충분히 더 잘 관리할 수 있는 부분들을 떠올렸다. 분명 완벽하지 않은 부분들도 많았다. 문득 인생을 제대로 꾸려나가지 못하는 것 같아서 죄책감이 들었다.

"저는 일을 완벽하게 해내지 못할 때마다 드는 죄책감을 없애고 싶었어요."

조지아가 말을 이었다.

"결국 문제는 죄책감이더군요. 완벽해야 한다는 생각이 오히려 멋진 삶을 사는 데 방해가 된다는 사실을 깨달았어요. 그동안 저는 사회에서 요구하는 것들을 모두 묵묵히 해냈어요. 운이 좋은 편이었죠. 좋은 직장에 다녔고, 좋은 남자를 만나서 결혼을 했어요. 그리고 정말 훌륭한 두 아이를 낳았어요. 하지만 모든 일들을 제대로 해내기 위해 저는 항상 애를 써야 했고, 그 어느 때보다 더 바쁘게 살아야 했어요. 직장과 가정, 개인적인 시간, 친구들, 거기에 운동과 몸매 관리까지 모두 완벽하게 하려고 했으니까요."

"그렇군요. 저는 그 모든 일들을 제대로 하고 있지는 않은 것 같아요. 지금 제 상황에 정말 와닿는 이야기네요. 종종 주어진 상황을 충분히 활용하고 있지 않다는 생각 때문에 죄책감이 들거든요."

"바로 그거예요!"

그녀가 대답했다.

● ● ●

"그러던 어느 날 동료들과 이야기를 하는데 한 동료가 야근을 하느라 아이들과 많이 놀아주지 못해서 죄책감을 느낀다고 하더군요. 또 다른 동료는 시간이 부족해서 헬스장을 등록해놓고 가지 못하다 보니 마음이 무겁다고 그랬죠. 그런가 하면 식습관을 제대로 지키지 않는 것에 양심의 가책을 받는다고 말하는 사람도 있었어요. 그때 이런 생각이 들었어요. '죄책감을 버리자!'"

"그게 무슨 말이죠?"

나는 도저히 불가능한 일이라고 생각하며 물었다.

그녀는 의자를 앞당기고 자세를 고쳐 앉더니 이렇게 말했다.

"죄책감이라는 개념 자체가 정말 놀라웠어요. 대부분의 사람들이 삶의 많은 부분에서 죄책감을 느끼며 살아가고 있었어요. 수많은 여성들과 함께 일하면서 얼마나 많은 여성들이 뛰어난 직원인 동시에 완벽한 엄마, 훌륭한 아내 그리고 아름답고 건강하고 매력적인 여자이며, 또 자신을 위한 시간을 갖고 싶어 하는지를 알고 저는 큰 충격을 받았죠. 그건 누가 봐도 불가능한 일이에요."

"그러니까요, 이 세상은 여성들이 모든 역할을 완벽하게 해내기를 기대해요. 제가 아는 많은 여성들도 직장에서 늦게까지 일하느라 가족들과 함께 시간을 보내지 못하는 것에 죄책감을 느꼈어요. 아이들에게 좋은 엄마가 되어주지 못한다고 생각했죠. 그렇지만 아이들을 데리러 가기 위해서 일찍 퇴근하는 날에는 또 야근을 하지 않는 것에 죄책감을 느꼈어요."

"물론……."

그녀가 말을 이었다.

"많은 여성들이 좋은 애인 또는 좋은 친구가 되어주지 못해서 미안함을 느끼죠. 하지만 가장 눈에 띄었던 점은 자신의 건강이나 몸매를 가꾸는 데 충분한 시간을 할애하지 못하고 있다고 생각하는 것이었어요. 또 자신을 위한 시간을 마련하기도 어려워했죠. 가정이나 직장에서만 해도 할 일이 태산이니까 정작 자기 자신을 위한 일들에는 투자할 시간이 부족했어요."

"맞아요!"

나는 맞장구치며 말했다.

"조지아, 지금 우리가 정말 중요한 주제에 대해 이야기를 하고 있는 것 같아요. 우리는 궁극적으로 달성해야 하는 이미지들을 강요받고 있어요. 언론이나 광고, 소셜 미디어만 봐도 알 수 있어요. 모두가 완벽한 삶에 대한 완벽한 이미지들을 쏟아내고 있는데, 이건 진짜가 아니에요. 사람들은 오직 좋아 보이는 것들만 소셜 미디어에 올리죠. 좋아 보이지 않는 것들은 언론에서 포토샵으로 다 수정하고요. 그러다 보니 결국 남는 건 자기 자신에 대한 안 좋은 감정들뿐이에요. 제 생각에는 남자들도 다르지 않은 것 같아요. 많은 부분에서 남자들도 같은 이유로 죄책감을 느끼죠."

"흥미롭군요."

그녀가 대답했다.

"남성과 여성 모두 스스로 부족하다는 내면의 소음에 시달리고 있네요. 우리는 '균형'을 맞춰야 한다는 말도 안 되는 이야기를 들으면서 자랐어요. 도대체 그 균형을 어떻게 맞춰야 하는지 모르겠지만요. 아홉 시부터 여섯 시까지 이어지는 일과를 개인적인 일과 업무적인 일로 깔끔하게 자를 수 있는 것도 아닌데 말이죠. 대부분의 사람들이 어떤 때에는 일을 우선시하고, 또 어떤 때에는 가족이나 친구를 우선시해요. 저는 여성과 남성이 공통으로 느끼는 죄책감을 없애는 방법을 찾고 싶었어요. 모두가 내면의 소음을 줄일 수 있도록 돕고 싶었죠."

"소음을 줄여라, 마음에 드네요."

나는 대답했다.

• • •

"그래서 어떤 해결책을 찾았나요? 정말로 방법이 있던가요?"

"네, 있어요. 죄책감을 덜 수 있는 요령이죠. '10초 동안 죄책감을 느낀 다음, 다른 생각으로 넘어가는 방법'이에요."

"그렇군요, 어떻게 하는 거죠? 더 자세히 듣고 싶은데요."

"먼저 죄책감이라는 감정을 받아들여야 해요."

그녀가 설명했다.

"살다 보면 이런저런 일들 때문에 죄책감을 느끼기 마련인데, 언제 이런 감정이 드는지를 파악하는 것이 중요하죠. 10초가 핵심인데요, 그 이유는 죄책감에서 빨리 벗어나야 정말로 중요한 일에 집중할 수 있기 때문이에요.

죄책감은 불필요한 감정이에요. 특히 비현실적인 목표를 이루는 데 실패했다면 더욱 그렇죠. 이를 뒷받침하는 연구 결과들도 있어요. 결과 자료를 보면 하고 있지 않은 행동에 대해서 죄책감을 느끼면 현재 하고 있는 행동의 효율성이 떨어지는 것을 알 수 있어요. 다시 말해 자신을 위해서 시간을 쓰는 것에 죄책감을 느낀다면 기껏 일부러 낸 시간을 충분히 활용하지 못해요. 죄책감을 버릴 때 훨씬 더 좋은 효과를 거둘 수 있어요."

"그렇군요."

내가 대답했다.

"무슨 말인지 알 것 같아요. 그렇지만 죄책감이 유용하게 작용할 때도 있어요. 예를 들어서 무언가를 잘못했을 때에는 죄책감을 느끼는 것이 중요하잖아요. 특히 아이들은 그릇된 행동에 대해서 죄책감을 느껴야 해요. 그런 과정을 통해서 배우게 되니까요."

"물론이죠."

조지아가 대답했다.

"하지만 제 말의 요점은 달라요. 저는 매일 우리의 잠재력을 최대한 발휘하는 것을 목표로 하거든요. 물론 월의 말도 맞아요. 무언가를 배우려면 죄책감을 느끼는 것도 중요하죠. 그렇지만 어느 시점이 지나면 자신을 자책하는 것은 더 이상 도움이 되지 않아요. 기본적으로 만약 죄책감이 두 가지 상황 중 하나에서 비롯된다면 10초 동안만 죄책감을 느끼는 방법이 도움이 될 수 있어요."

"두 가지 상황이라면 어떤 때를 말하죠?"

"음, 첫 번째는 우리가 바꿀 수 없거나 바뀌지 않을 것들 때문에 죄책감을 느낄 때예요. 두 번째는 완벽하지 못한 것에 죄책감을 느끼는 상황이고요. 완벽해야 한다는 강박관념이 오히려 행복하고 보람찬 삶을 사는 데 방해가 될 수 있어요."

"두 가지 상황에 대해서 자세히 듣고 싶군요."

"먼저 첫 번째 상황부터 살펴보죠. 어떻게 해도 상황을 바꿀 수 없다면 죄책감을 느껴봤자 소용없는 일이에요.

제가 출장을 갔다고 가정해볼게요. 몸은 다른 도시에 있는데 집에서 가족과 시간을 보내지 못하는 것에 미안한 마음을 느끼는 것은 부질없어요. 어차피 나는 지금 집에 있지 않고, 오늘 밤 당장 집으로 돌아가지 못하니까요. 그러니까 출장에서 해야 하는 업무에 집중하는 편이 훨씬 더 현명하죠. 이럴 때 10초 동안만 죄책감을 느끼고, 다른 생각으로 넘어가는 거예요. 그리고 해야 할 일을 하면 돼요. 죄책감은 아무런 도움이 되지 않아요. 가족에게도, 그리고 내 고객에게도요. 특히 온전히 집중하지 못하면 고객을 위한 일을 제대로 할 수 없어요."

"저도 그렇게 생각해요."

"두 번째는 완벽해야 한다는 생각 때문에 비현실적인 목표를 세우고 이를 달성하지 못했다며 죄책감을 느끼는 경우예요. 사람은 원래 완벽할 수 없어요. 누구나 실수를 하고, 결함을 가지고 있죠. 할 수 있는 한 최선을 다하고 경험을 통해 배우면서 살아갈 뿐이에요."

그녀와 대화를 나누면서 나는 그동안 완벽하지 못했다는 이유로 스스로를 얼마나 많이 자책했는지 돌이켜봤다. 생각해보면 내 안에서 울리던 소음들은 생산적이지도 않았고, 나아가 나에게 아무런 도움이 되지도 않았다.

• • •

"지금 저는 기업들이 중요한 것들에 집중할 수 있도록 우선순위를 정하는 일을 돕고 있어요. 최고 경영진과 관리자 그리고 파트너 기업의 입장에서 일을 해왔죠. 여태까지 많은 일들을 겪으면서 일과 인생에서 가장 중요한 교훈을 얻었어요. 바로 소음은 줄일 수 있고, 줄여야 한다는 것이에요."

나는 그녀의 아이디어가 정말 마음에 들었지만, 마음에 걸리는 부분이 있었다.

"그렇지만 인생에서 중요한 것과 중요하지 않은 것을 어떻게 구분할 수 있죠? 그리고 소음이란 정확히 무엇을 말하는 건가요?"

"간단해요!"

그녀가 미소를 지으며 말했다.

"여섯 개의 원만 그려보면 된답니다."

"굉장히 복잡하게 들리는데요."

나는 웃으면서 대답했다.

"그렇지 않아요. 무척 쉽고 단순해요. 저는 사람들이 살면서 중요하게 생각하는 것들을 크게 여섯 개로 나눌 수 있다고 생각해요. 가족, 일, 친구, 건강, 지역사회 그리고 가장 중요한 '나를 위한 시간'이죠. 이 여섯 개의 단어에 각각 동그라미를 그리는 거예요. 그런 다음, 원하는 결과를 잘 파악하고 이를 달성하기 위해서 노력하는 것이 관건이죠. 내가 지금 하고 있는 일이 여섯 개의 원 안에 포함되지 않는다면 큰 의미 없는 소음일 가능성이 높아요. 때때로 여섯 개의 원에 해당되지 않는 일들은 과감하게 거부해야 할 때도 있어요. 저는 인생을 진정으로 변화시킬 행동과 활동, 그리고 중요한 부분에 집중하고 싶어요."

조지아의 설명은 명쾌하고 합리적이었다. 나는 한동안 누군가의 말에 그렇게까지 열심히 귀 기울여본 적이 없었다는 것을 깨달았다.

"놀랍군요."

내가 말했다.

"원 안에 포함되는 것들과 포함되지 않는 것들이 무엇인지 생각하자니 머릿속이 복잡해지네요. 지금 머릿속에서 알림이 계속 울리고 있어요."

"원 안에 포함되지 않는 것들을 쉽게 찾을 수 있는 방법이 있어요."

그녀가 계속해서 말했다.

"소음을 거부하는 것이 중요해요. 가장 핵심은 의식하는 것, 즉 알고 있는 것이에요. 자신이 하는 행동을 의식적으로 바라봐야 하죠. 일과 삶 사이의 완벽한 균형이라는 것은 순전히 허구예요. 불필요한 죄책감만 만들어낸답니다. 실제로는 아무도 일과 삶 사이에서 완벽한 균형을 이루지 못하거든요."

"저도 그렇게 생각합니다."

내가 대답했다.

"그래도 어느 정도 균형은 잡혀 있어야 한다고 봐요. 저는 한때 삶이 복잡하게 꼬이거나 제대로 돌아가지 않았던 적이 있었는데 곰곰이 생각해보면 대개 한 가지 원, 특히 일에 너무 많은 시간을 할애하다 보니 그렇게 되었던 것 같더라고요.

무엇보다 의식을 하는 것이 핵심이에요. 지금 당장 집중해야 하는 가장 중요한 것이 무엇인지 스스로에게 물어보고, 그 답에 따라 우선순위를 정해야 해요. 그리고 중요한 것에 집중하는 거죠. 저는 일과 삶의 균형을 자주 이야기하는 편은 아니에요. 대신 '가속화된 집중력'이라고 부르는 개념을 중점적으로 다뤄요. 지금 현재 가장 중요한 일에 집중하고 있다고 의식하게 되면 최선을 다할 수 있어요. 우선순위 위주로 가속화된 집중력을 발휘하면 더 나은 결과를 얻을 수 있죠.

요즘 사람들은 멀티태스킹을 추구하죠. 한 번에 많은 일을 할 수 있다고 자랑하듯이 말하는 사람들을 종종 볼 수 있어요. 그런데 연구 결과에 따르면 가속화된 집중력, 그러니까 일정 시간 동안 한 가지 일에만 온전히 집중하는 것이 무슨 일을 하든 더 좋은 결과로 이어진다고 해요. 예상 매출액을 산정하든, 헬스장에서 운동을 하든, 가족들과 저녁을 먹든 말이에요."

"저희 직원들을 봐도 정말 그런 것 같네요."

나는 인정하듯 대답했다. 조지아의 말을 들으면서 중요한 것과 중요하지 않은 것의 차이점과, 가속화된 집중력이 훨씬 더 생산적이라는 말에 대해 곰곰이 생각해보았다. 나는 일 년 중 언제인지에 따라 가속화된 집중력의 효과가 달라진다는 생각이 들었다.

"저희 조직의 경우 일 년 중 바쁜 시기가 있어요. 그 시기에는 다른 때보다 집이나 헬스장, 또는 '긴장을 풀고 쉬면서' 보내는 시간이 훨씬 적은 편이에요. 그렇지만 덜 바쁜 시기에는 좀 더 여유를 부려도 괜찮아요. 휴가를 내고 잠깐 쉬더라도 죄책감을 느낄 필요가 전혀 없어요. 그러려면 내가 무엇을 해야 하는지 명확하게 알고 있어야 하죠."

"그래요, 그게 바로 휴가죠!"

나는 큰 소리로 웃었다.

"그렇다고 제가 모든 것을 잊고 휴가를 알차게 보내는 성격은 아닌 것 같아요. 오히려 바닷가에 누워서 스마트폰을 계속 귀에 대고 있는 사람 중 하나죠."

"우리 모두 그렇답니다."

확신에 찬 목소리로 그녀가 말했다.

· · ·

"완벽함이 우리의 목표가 아니라는 점을 잊지 말아요. 완벽함은 오히려 멋진 삶을 방해하는 장애물이에요. 항상 의식하는 것, 정말로 중요한 부분을 깨닫는 것이 핵심이죠. 어떤 상황에서든 중요한 일에 초점을 맞추고 소음을 없애야 해요. 가속화된 집중력을 위해 노력하면 더 나은 결과를 얻을 수 있답니다.

사람들은 늘 모든 일을 다 끝내려면 멀티태스킹이 필수라고 이야기하죠. 물론 때로는 맞는 말이에요. 어떨 때에는 여러 가지 일을 저글링 하듯이 자유자재로 처리해야 하니까요. 하지만 끊임없이 멀티태스킹을 하는 사람들은 주변에서 일어나는 일들에 끌려갈 수밖에 없어요. 반면 가속화된 집중력을 바탕으로 한 가지 일에 몰두하면 주변 상황에 어떻게 반응할지 스스로 결정할 수 있죠."

잠시 말을 멈춘 조지아가 자조적인 미소를 지어 보였다.

"조지아, 오늘 아침 우리 둘이서 온 세상의 문제 중 절반은 해결한 것 같군요. 그런데 말이죠, 당신과 대화를 나누다가 오늘 할 일이 떠올랐어요. 가족 모두와 저녁을 먹을 거예요. 할머니의 장례식을 잘 치르긴 했지만 너무 바쁘기도 했고, 다들 마음이 싱숭생숭했을 거예요. 가족을 위한 식사 자리를 마련하고 싶군요. 가속화된 집중력을 바탕으로 하는 저녁식사 말이에요. 지난 일에 대한 죄책감도, 소음도 없는, 단순히 할머니를 기리는 소박한 자리를 준비할 생각이에요."

조지아와의 첫 만남에서 나는 많은 것들을 생각할 수 있었다. 앞으로 그녀가 우리 조직을 어떻게 도울 것인지 차차 자세히 이야기를 나눌 수 있을 것이라는 확신이 들었다. 그녀는 내게 아주 짧은 시간 안에 큰 변화를 가져올, 단순하지만 강력한 아이디어를 제공해줬으니 말이다.

"소음을 줄여라."

이 말을 듣는 순간 갑자기 내 안의 모든 의식이 살아나는 듯한 기분이 들었다. 그러면서 나 자신에 대해 부정적으로 생각하게 만들고 집중을 분산시켰던 모든 일들이 선명하게 보이기 시작했다.

소음을 줄이는 방법은 사실 매우 간단하다. 내 삶에서 일어나는 일들을 제대로 의식하기만 하면 된다.

10초 동안만
죄책감 느끼기

소음에 끌려갈 것인가, 아니면 소음을 휘어
잡을 것인가? 중요하지 않은 외부의 정보로 인해 정작 해야 할
일을 방해받고 있지는 않은가? 정말로 중요한 일로부터 집중을
분산시키는 일들을 단호하게 거절하고 있는가?

우리는 크게 두 가지 상황에서 소음을 줄이는 방법을 응용할
수 있다.

첫 번째는 스스로 통제할 수 없는 상황으로 인해 죄책감을 느
낄 때다. 무언가를 통제하거나 바꿀 수 없을 때 죄책감을 느낀다
고 해서 나 자신이나 타인에게 도움이 되는 부분은 아무것도 없

다. 이럴 때에는 그저 10초 동안만 죄책감이라는 감정을 받아들인 다음, 다른 생각으로 넘어가면 된다.

두 번째는 완벽하지 못하다는 인식으로 인해 죄책감을 느낄 때다. 인간은 누구나 완벽하지 못하다. 살다 보면 원하는 대로 일이 풀리지 않을 때도 있고, 잘못된 말을 내뱉거나 실수를 하기도 한다. 이럴 때에는 10초 동안만 죄책감을 느낀 다음, 스스로에게 질문을 해보자.

'이 일을 통해 무엇을 배웠을까?'

그 경험을 통해 얻은 점을 명확하게 인식하고 나서는 죄책감을 버려야 한다.

아무런 의미 없는
일 무시하기

언론 매체에서부터 소셜 미디어까지, 뉴스(진짜와 가짜 모두)에서부터 리얼리티 TV 프로그램까지, 그리고 이메일 팝업창에서부터 타인과 얼굴을 마주하고 진행하는 실제 회의에 이르기까지, 오늘날 우리는 역사상 그 어느 때보다 많은 자극과 정보 그리고 메시지에 노출되어 있다. 끊임없이 소통하고 메시지를 주고받는 과정에서 우리의 생각과 시간 그리고 행동에 방해가 되는 소음이 무엇인지, 나아가 정말로 중요한 것은 무엇인지 구분해야 한다. 아무런 의미 없는 소음을 자신의 삶에서 제거하자.

완벽함보다는
최선을 목표로 하라

소셜 미디어를 통해 타인의 일상을 들여다 보면 모두 나보다 나은 삶을 살고 있다고 생각하기 쉽다. 하지만 어느 누구의 인생도 완벽할 수는 없다.

많은 이들이 멋지고 보람찬 삶 대신 완벽함을 쫓는 실수를 하는데, 너무 완벽한 인생을 추구하다 보면 죄책감을 느낄 수밖에 없다. 마음속으로 원하는 삶에 비하면 실제 모습이 한없이 부족해 보이기 때문이다.

무엇보다 스스로에게 최선을 다할 기회를 주는 것이 중요하다. 완벽한 부모, 완벽한 파트너, 완벽한 직원 그리고 완벽한 친구가

되기란 불가능하다. 10년 전과 똑같은 외모를 유지하는 것 역시
마찬가지다. 스스로를 있는 그대로 받아들이면서 나 자신을 돌보
고 뭐든 최선을 다하는 데 집중해보자.

여섯 개의 원을 그려
우선순위를 정하라

인생을 알차게 살려면 나에게 정말로 중요

한 것이 무엇인지 알아야 한다. 사람들이 대부분 인생에서 중요

하게 생각하는 요소는 크게 여섯 가지로 꼽을 수 있다. 바로 일과

가족, 친구, 건강, 지역사회 그리고 '나를 위한 시간'이다. 이 여섯

개의 단어에 각각 동그라미를 그리면 중요도를 나타내는 여섯

개의 원이 만들어진다. 이를 바탕으로 무엇이 중요한지, 어떤 점

에 집중해야 하는지, 그리고 어느 부분에 시간을 투자해야 하는

지 우선순위를 정해보자.

지금 하고 있는 일이 여섯 개의 원 중 하나에 포함되지 않는다

면 소음으로 인해 중요한 일로부터 집중이 분산되고 있을 가능성이 크다. 종종 다른 사람들에게 어떤 계획을 강요받기도 하는데, 나에게는 도움이 안 되는 경우가 대부분이다. 이때 죄책감을 느끼지 않고 거부해도 괜찮다. 그게 어렵다면 딱 10초만 죄책감을 느끼는 것이 중요하다. 나 자신에게 도움이 되지 않는 일들은 과감하게 거부할 수 있어야 한다.

가속화된
집중력을 발휘하라

외부에서 오는 소음을 차단하고, 지금 하는
일에 온전히 집중하기 위해서는 가속화된 집중력을 발휘해야 한
다. 다양한 경로로 쉴 새 없이 정보가 쏟아지는 가운데 우리는 그
동안 중요한 사안들 사이에서 나름의 균형을 찾기 위해 한꺼번
에 여러 일들을 처리하는 방법을 익혀왔다. 하지만 멀티태스킹은
비효율적일 수밖에 없다. 지금 당장 할 일을 결정한 다음, 방해받
지 않고 온전히 집중할 때 훨씬 더 좋은 성과가 나타난다.

요즘 사람들은 스마트폰으로 정보를 얻는 동시에 여러 개의 소
셜 미디어 채널을 통해 수백 명의 친구들과 소통한다. 또 이메일

팝업창과 문자메시지가 생각의 흐름을 끊곤 한다. 이렇듯 외부의 방해에 늘 시달린다면 최고의 성과를 낼 수 없다. 가속화된 집중력을 통해 오늘과 같은 산만한 세상 속에서 온전히 집중하고 초점을 잃지 않으려는 노력이 필요하다.

죄책감을 버리기 위한 **체크리스트**

1. 앞의 내용 중 가장 공감이 가는 것이 있는가? 그 이유는 무엇인가?

2. 스스로 통제할 수 없는 상황에서 느껴지는 죄책감을 줄이기 위해 무엇을 하면 좋을까?

3. 완벽해야 한다는 강박관념을 버리고 알차게 삶을 살기 위해 어떤 노력을 할 것인가?

4. 인생에서 가장 중요한 부분을 파악하고 원을 그려보자. 여섯 개의 원 중 하나에 포함되지 않는 일에 많은 시간을 허비할 때가 있는가?

5. 나에게 도움이 되지 않는 일들을 자신 있게 거절할 수 있는가?

6. 한꺼번에 너무 많은 일을 처리하고 있다고 느껴질 때가 있는가? 이것이 결과에 어떤 영향을 미치는가? 이 때문에 종종 주변 상황에 끌려간다고 느껴진다면 개선할 방법을 찾아라.

7. 가속화된 집중력을 일상생활에서 어떻게 응용할 수 있을까? 지금 당장 어느 부분에서 실천할 수 있을지 생각해보자.

02

쓸데없는 장애물은
제거하라

"목표에 대한 전략을 세우고,
계획하는 것도 중요하지만
제일 중요한 건 장애물을 제거할
전략을 세우는 것이다."

자기 회의와
자기 대화를 차단하라

마지막으로 전화 몇 통을 돌린 후 나는 몸을 풀기 위해 자리에서 일어났다. 한동안 일을 하지 않아도 된다는 생각에 마음이 홀가분했다.

오늘 아침, 먼 길을 떠날 참이었다. 여동생 새미가 빅토리아 주와 뉴사우스웨일스 주 경계에 있는 작은 마을 토쿰왈 출신의 시골 청년과 결혼을 하기 때문이었다. 신랑의 고향에서 결혼식이 열리는 탓에 적지 않은 수의 하객들이 멜버른에서 흄 고속도로를 따라 네 시간을 달려 결혼식에 참석한다고 했다.

나는 잠깐 동안의 휴가 겸 드라이브를 꽤 기대하고 있었다. 오랜만에 떠나는 자동차 여행이라 신이 났다. 앞으로 30분 안에 출발한다면 점심시간에 맞춰 넉넉하게 도착할 듯했다. 새미와는 한 시에 만나기로 했다.

청명한 하늘에 기온은 27도로 딱 좋은 날씨였다. 긴장을 풀고 신선한 공기와 아름다운 풍경을 만끽하며 탁 트인 도로를 달리기에 완벽했다.

빅토리아 주의 시골 지역은 정말 아름다웠다. 광활하게 펼쳐진 땅과 아침 햇살에 반짝이며 시시각각 변하는 풍경, 바람에 흔들리는 위풍당당한 유칼립투스 나무까지 호주 시골의 매력을 고스란히 보여주는 더없이 멋진 경치였다.

구불구불한 도로가 몇 킬로미터 이어지자 뉴사우스웨일스 주가 얼마 남지 않았음을 알 수 있었다. 말로 설명할 수 없을 만큼 자유로웠다. 커브 길을 따라 속도를 내고 싶은 충동이 들었지만, 먼지가 뒤덮인 길가의 꽃들과 사고 지점을 표시한 X표를 보니 정신이 번쩍 들었다. 덕분에 흥분한 마음을 가라앉힐 수 있었다.

마침내 "뉴사우스웨일스 주에 오신 것을 환영합니다"라는 표지판이 보였다. 다리를 오르기 시작하는데 왼쪽으로 오래된 철교가 보였다. 아름다운 머리강을 가로지르는 철교는 1895년 개통된 이후 오랫동안 이 지역을 대표하는 랜드마크였다.

드디어 목적지에 도착했다. 강가에 자리 잡은 작은 마을 토쿰 왈은 워터스킹과 유명한 머리 지역의 대구 낚시, 그리고 단연 돋보이는 36홀 골프장으로 잘 알려진 곳이었다. 새미는 이곳을 정말 좋아했다.

새미가 내게 알려준 지시 사항은 명확했다. 술집에서 만나 술을 한잔 하면서 주말 일정에 대한 브리핑을 듣는 것이었다. 결혼식은 다음 날 오후였지만, 큰 행사 이전에 나와 시간을 보내고 싶다고 했다.

술집은 별문제 없이 쉽게 찾을 수 있었다. 외벽을 빙 둘러싼 베란다가 매우 멋진 2층짜리 빅토리아풍 벽돌 건물의 인상적인 터미너스 호텔은 한눈에 봐도 마을의 역사를 느낄 수 있는 곳이었다. 마을 사람들 몇 명이 바에 앉아 맥주를 마시고 있었을 뿐 새미의 모습은 보이지 않았다.

나는 술집 안을 어슬렁거리며 20세기 초반에 찍은 사진들을 둘러보았다. 힘든 시기였던 만큼 적갈색 사진 속에는 강에서 일하며 생계를 꾸린 강인한 남성들의 모습이 담겨 있었다.

· · ·

'야외 테이블'이라고 적힌 표지판을 따라 나가자 홀로 앉아서

조용히 스마트폰을 만지작거리는 새미가 보였다.

"새미!"

나는 양팔을 활짝 벌리고 새미를 끌어안았다.

"기분은 좀 어때?"

"엄청 좋지! 오빠 얼굴 보니까 너무 좋아. 오는 길은 어땠어?"

"아름다웠어. 시골길만큼 드라이브하기 좋은 곳은 없지, 안 그래? 누구보다 네가 잘 알겠지, 신랑이 시골 촌놈이잖아!"

"여기까지 와줘서 너무 고마워. 오빠와 나란히 식장에 입장할 수 있어서 얼마나 기쁜지 몰라."

새미가 다시 한 번 안으며 말했다.

"토쿰왈에 온 것을 환영해, 오빠! 가서 술 사올게. 뭐 마실래?"

"더운 날에는 맥주 한잔이 딱이지."

나는 오래된 술집 안으로 걸어들어가는 새미를 바라봤다. 그녀는 매우 좋아 보였다. 그전보다 훨씬 더 건강한 모습이었다. 연말에는 하프마라톤도 달릴 계획이라고 했다.

차가운 맥주잔과 라임을 넣은 탄산수를 손에 든 새미가 햇볕이 내리쬐는 야외 테이블을 향해 다시 걸어나왔다. 새미가 자리에 앉고서 우리는 잔을 들어 건배했다.

"너를 위해 건배할게."

잔을 부딪치며 내가 말했다.

"마음의 준비는 다 됐어? 다시 생각하고 있는 건 아니지?"

"전혀. 나 정말 행복해, 오빠. 맥스는 정말 좋은 남자야. 오빠도 알지만, 내가 오랫동안 연애 문제로 마음고생했잖아. 그런데 지금은 그가 내 인생에 있어서 정말 좋아."

그녀는 너무나도 진실 되고 행복한 미소를 지었다.

• • •

"새미, 꼭 물어보고 싶었는데 180도 바뀐 비법이 뭐야? 결혼도 하고! 너 정말 좋아 보여. 직장에서도 일 잘한다고 소문났다던데 정말이야? 일도 잘되고 있는 거지?"

새미는 다시 한 번 예쁘게 웃으면서 대답했다.

"있잖아, 오빠, 모든 일이 잘 풀리는 거 있지. 옛날에는 모든 일을 걱정하기에만 급급했어. 정말 자기 파괴적이었어. 걱정만 하느라 일도 망치고 돈도 낭비한 셈이었지. 게다가 인간관계도 엉망이었어. 그런데 이제는 아니야."

"잘됐네! 스스로를 자책하지는 마. 사람은 누구나 다 불안해하고 스트레스도 받으니까. 모두가 걱정하면서 살잖아."

"나도 알아, 오빠."

새미는 잠시 생각에 잠기더니 말을 이었다.

"그런데 어느 날 어떤 생각이 들면서 머릿속에 있던 온갖 걱정들과 소음들이 전부 다 사라졌어."

"한번 들어보자. 그 엄청난 생각이 뭐였는데?"

"장애물에 대한 전략을 세우는 거야."

"장애물이라……."

나는 그녀의 말을 되풀이했다.

"맞는 말이네. 더 이야기해줄래?"

"음, 그러니까 예전에는 혼잣말을 하는 습관 때문에 오히려 실수를 더 많이 했던 것 같아. 나는 항상 일어날 수 있는 모든 안 좋은 상황에 대해서 걱정했었어. 그리고 일이 정말로 틀어지면 거기에 집착했지. 나한테 일어나는 모든 일들의 결과에 의미를 부여했거든. 그러다 보니까 무언가 잘 안 되면 나 자신을 탓하고 죄책감에 시달리곤 했어.

그런데 한 친구가 장애물을 위주로 전략을 세우고 집중해보라고 말하는 거야. 사람들이 흔히 하는 말과는 정반대잖아. 사람들은 보통 문제에 대해서 생각하지 말고 목표에만 집중하라고 말하니까. 하지만 나는 장애물 때문에 자꾸만 내가 실수를 하고 넘어진다는 것을 알고 있었어. 장애물이 목표를 달성하는 데 방해가 된다는 것을 말이야. 친구의 말대로 나를 방해하는 일들을 처리하기 위한 전략을 세워보니 정말로 큰 도움이 되었어. 예를 들자면 체중 감량이 목표인 사람들이 왜 다이어트에 실패한다고 생각해?"

"글쎄, 어렵지. 음식만큼 좋은 건 없으니까!"

"맞아. 그럼, 재미 삼아 초콜릿을 먹지 않기로 결정했다고 해볼게. 가장 첫 번째로 '왜'를 생각해봐야 해. 인생에 별로 도움이 안되는 이 일을 왜 그만두고 싶은지 스스로에게 질문하는 거야. 그런 다음에는 목표 달성에 방해가 되는 장애물에 집중하고 전략을 세워야 해. 초콜릿의 유혹이 가장 큰 순간에 대비한 전략이 필요하지. 이게 포인트야.

아침에 눈 뜨자마자 목표를 상기하는 건 누구나 할 수 있어. 하지만 일어나자마자 초콜릿을 먹는 사람이 얼마나 되겠어? 정말로 참기 어려울 때를 준비해야 해. 대부분 따뜻한 차 한잔을 마시는 저녁 아홉 시 반이 가장 위험하겠지. 냉장고에 있는 토블론 초콜릿이 사정없이 이름을 불러댈 테니까!"

"토블론 초콜릿 정말 맛있는데."

"오빠, 토블론 초콜릿을 안 좋아하는 사람이 어디 있어. 내 말을 끝까지 들어봐."

새미는 미소를 지으며 탄산수 한 모금을 들이켰다.

"내 친구 말에 따르면 목표를 달성할 수 있는 비결은 방해가 될 만한 모든 일들에 준비하는 것이래. 어떻게 보면 상식적으로 말이 안 되는 소리라고 생각할 수도 있어. 하지만 방해할 가능성이 있는 모든 나쁜 일들에 대한 계획을 세워두는 것은 굉장히 중요해. 목표에 집중하되, 장애물을 제거할 계획을 준비하는 거지. 초콜릿 이야기로 돌아가자면 저녁 아홉 시 반을 위한 계획을 세워둬야 해. 계획 자체는 매우 간단해. '이럴 때는 이렇게 하자' 하고 계획을 세우는 거야. 어떤 일이 일어나면 어떻게 행동할지 생각해놓는 거지. 토블론 초콜릿이 유혹할 때면 어떻게 행동할지를 생각해둬야 해."

"글쎄, 당근을 먹으면 되려나."

나는 침울한 목소리로 대답했다.

"그래, 맞아! 물론 당근이 초콜릿만큼 맛있을 리는 없지. 하지만 살을 빼는 게 목적이라면 좋은 전략일 수도 있어. 달리기도 마찬가지야. 나는 예전에 기분 내킬 때에만 훈련을 했거든. 뚜렷한 계획이 없었어. 틈틈이 시간 날 때마다 달리는 게 다였어. 그러다 이 전략을 달리기에 적용해봤어. '내가 왜 이것을 하고 있지? 장애물에 집중하자. 이럴 때는 이렇게.' 그랬더니 내가 왜 달리고 싶은지 이유가 명확해졌어. 하지만 아침에 알람을 끄고 다시 잠들고 싶은 유혹을 떨쳐내기가 얼마나 힘들던지……. 침대에서 한 발짝도 움직이기 싫을 때도 있었어."

"멜버른의 추운 겨울 아침에는 거의 불가능한 일이지."

나는 동생의 말에 맞장구를 치며 말했다.

"그래, 그렇지. 달리기 이야기를 계속해볼게. 이럴 때는 이렇게 하자는 계획을 세우다 보니 나는 왜 달리고 싶은지 이유를 정확하게 알게 됐어. 화창한 여름 아침에는 누구나 망설이지 않고 밖으로 나가 달릴 거야. 하지만 춥고 비 내리는 아침에도 흔들림 없이 달리려면 전략이 필요해. 이럴 때는 이렇게, 비가 내리고 추운 날에는 침대 반대편으로 알람시계를 옮기고 바로 밑에 운동화를 두는 거야. 목표에 대한 전략을 세우고, 계획하는 것도 중요하지만 제일 중요한 건 장애물을 제거할 전략을 세우는 거야."

"좋은데, 새미. 그래서 장애물에 대한 전략을 세운 덕분에 불안감이 사라진 거야?"

"응, 처음에는 장애물에 대해 생각하다 보니 오히려 걱정이 더 많아지는 것 같았어. 늘 그랬던 것처럼 잘 안 될 일들만 생각하느라 바빴거든. 그런데 결과적으로 정말 멋진 일이 일어났어. 어려운 일마다 계획을 세웠더니 스트레스를 덜 받게 된 거야. 무언가

를 꼼꼼하게 준비하면 스트레스를 받을 이유가 없더라고. 준비
과정이 스트레스를 대부분 없애주니까."

"그건 그렇겠네."

내가 대답했다.

"예를 들어서 배우나 음악가의 경우 준비를 완벽하게 하면 공
연에만 집중할 수 있잖아. 대사나 노래를 외우지 못했을 때에만
스트레스가 발생하니까. 그런데 오빠, 그러다가 가장 중요한 점
을 발견했어."

"말해 봐."

내가 웃으며 대답했다.

"시간이 지날수록 결과에 점점 덜 집착하게 되더라고. 일이 틀
어질 경우를 잘 대비했고, 문제를 해결할 전략도 세워뒀으니까
내가 할 수 있는 한 최선을 다했다고 확신하게 되었어. 예전에는
아주 작은 문제까지 고민하고 걱정했었거든. 그런데 지금은 훨씬
더 여유로워졌어. 아직 일어나지 않았거나 일어나도 어쩔 수 없
는 부분까지 걱정해봤자 아무런 도움이 안 되잖아. 어차피 일어
날 일은 일어나기 마련이니까. 결혼식도 마찬가지야. 옛날의 나
였다면 하나라도 잘못될까 봐 전전긍긍했을 거야. 하지만 지금은
아니야. 엄청 설레고 즐거워. 우리가 할 수 있는 한 최선을 다해

서 준비했어. 예상치 못한 장애물까지 다 고려했어. 꼼꼼하게 잘 준비했으니까 이제 운명에 맡겨야겠다 싶어."

● ● ●

나는 오늘 새미의 이야기를 들을 수 있어서 정말 다행이라고 생각했다. 요즘 들어 나는 엄청난 업무 스트레스에 시달리고 있었다. 사소한 일들까지 걱정하느라 정작 중요한 일에는 신경을 쓰지 못하고 있던 차에 왜 이 일을 하고 있는지 이해하는 것이 중요하다는 그녀의 말이 크게 와닿았다.

여태까지 나는 뚜렷한 목표 없이 인생을 살아왔다. 그저 하루하루 즉흥적으로 결정하고 행동했다. 사실 새미에 비해 나는 내 삶에 만족하지 못하고 있었다.

"나는 이제 모든 상황에 대한 결과로부터 자유로워졌어."

그녀가 말을 계속했다.

"나는 더 이상 모든 일에 완벽하지 않아도 된다고 생각하게 되었어. 나는 항상 모든 일을 완벽하게 하려고 정신없이 뛰어다녔지만 소용없는 일이었어. 걱정만 하고 죄책감만 느꼈을 뿐 해야할 일을 제대로 하지 못했어. 하지만 지금은 모든 일에 완벽해야한다고 생각하지 않아. 완벽함을 추구하는 것이 오히려 행복한 삶을 사는 데 방해가 된다고 생각해."

"이야."

나는 세상을 바라보는 새로운 시각에 대해 너무나도 명료하게 설명하는 아름다운 내 여동생을 바라봤다.

"네가 정말 자랑스러워. 네가 한 말에 대해서 천천히 생각해봐야겠어. 분명 너한테는 긍정적으로 작용한 것 같지만 말이야."

"맞아. 그리고 오빠, 일도 잘되고 있어."

새미가 말했다.

"아무런 도움도 되지 않는 자기 회의와 자기 대화라는 소음을 차단하는 게 핵심이야."

대화를 멈추고 잠시 숨을 돌리는 사이 나는 생각에 잠겼다. 그동안 단순한 성공 공식이나 동기부여를 하려는 말들이 큰 도움이 된 적은 거의 없었다. 솔직히 말해 나는 새미가 조금 부러웠다. 내 안의 냉소적인 자아가 그녀의 말을 전부 비웃으라고 부추겼다. 하지만 눈앞에 보이는 결과에 반박하기는 어려웠다.

가장 인상 깊었던 점은 새미의 차분한 태도였다. 지난 몇 년간 새미가 얼마나 힘들어했는지 잘 알고 있었기에 더욱더 놀라웠다. 지금의 그녀는 굉장히 차분했다.

"너의 생각도 훌륭하고, 네가 하고 있는 일들도 자랑스러워."

내가 말을 시작했다.

"축하해야 할 일이 정말 많네. 새미, 네 이야기를 듣다 보니 나도 정신을 차려야 되겠다는 생각이 들어. 모든 것을 변화시킬 간단한 팁을 마다할 사람은 아마 없을 거야. 그런데 나는 그런 해결책을 찾을 수 있다는 희망을 포기해버렸어. 내 인생에서는 묘책이 없었거든. 나 자신을 정말로 행복하게 해줄 그런 놀라운 비법을 진심으로 찾고 싶어. 더 나은 인생을 살기 위해 해야 한다는 일들은 모두 했어. 책도 읽고, 팟캐스트도 들었지. 그런데 그 어떤 것도 결과로 이어지지 않았고, 결국 공허함만 남더라고."

"내 생각에 오빠는 목적이 없는 것 같아."

그녀가 말했다.

"'왜'라는 질문에 대한 답을 찾지 못한 거야. 지금 하는 일을 왜 하고 있어?"

"새미."

내가 고집스럽게 대답했다.

"오빠가 어떤 성격인지 너도 잘 알잖아. 나는 아주 현실적이야. 나는 영업팀에서 일하고 있어. 온갖 세미나에는 다 가봤는데, 현란한 말 뒤에 진짜 변화가 일어나는 것을 본 적이 없어. 그저 번지르르한 말만 늘어놓는 세미나에 갔다 오면 팀원들 모두 사기가 하늘을 찌르지. 하지만 넘치는 에너지와 열정은 얼마 못 가 사그라들어. 그리고 다시 예전의 모습으로 돌아가."

"무슨 말인지 알아, 오빠."

새미가 대답했다.

"동의하지는 않지만, 나도 같은 경험을 한 적이 있으니까. 대부분 세미나에서 하는 말들을 열심히 받아 적지만 결국 두 번 다시 거들떠도 안 보잖아. 하지만 내 경우에는 두 가지가 달랐어."

"계속 얘기해 봐."

"가장 먼저, 무언가를 깨달았어. 그동안 살면서 내가 자랑스럽다고 여길 만한 일들은 모두 해내기 어려웠어. 많은 노력을 기울여야 했지. 두 번째로, 나는 내가 편안함을 느끼는 적당한 범위 안에서 생활하는 데 익숙해져 있었어. 하지만 이 적당한 범위를 벗어나지 않으면 절대로 자랑스러워할 만한 일을 할 수 없어. 무엇보다 가장 중요한 건, 무언가를 시도할 때 나는 내가 살아 있다는 것을 느껴. 일이든 훈련이든 달리기든, 아니면 결혼할 남자와의 관계든 말이야. 살아 있다는 그 기분이 정말 좋아!"

나는 해답을 찾은 듯한 기분이었다. 새미의 말이 맞았다. 나는 그동안 나 자신을 몰아붙이지 않았고, 이 때문에 살아 있다는 기분을 느끼지도 못했다. 여태까지 그저 소음에 휘둘리면서 살아왔던 것이다.

"있잖아, 오빠."

새미가 계속해서 말했다.

"언젠가 인간의 뇌에 관한 기사를 읽은 적이 있는데, 뇌의 목적은 우리를 보호하는 거래. 수십만 년 동안 우리 뇌는 우리를 안전하게 보호하고, 또 적당한 범위 안에서 지낼 수 있도록 노력한 거지."

"덕분에 악어한테 잡아먹히지 않고 살아남았잖아!"

그녀가 웃으면서 말했다.

"맞아, 그런데 나한테는 뇌에 살아 있다는 것을 느끼고 싶다는 메시지를 전달하는 게 중요했어. 도전할 수밖에 없는 상황으로 나를 내몰고 싶었거든. 옛날에는 그런 상황에 부딪히면 걱정하고 불안해했어. 그런데 지금은 이런 감정들을 있는 그대로 받아들여. 내 감정을 의식하는 거지. 앞으로 마주할 수 있는 장애물에 대비해 계획을 세우고, 머릿속에 있는 소음들은 모두 제거했으니 나는 이제 한 발짝 물러나서 상황을 직시하고 싶었어. 일이 어떻게 되는지 지켜보고, 또 무슨 일이 일어나더라도 괜찮을 거라는 마음가짐으로 말이야!"

"맞는 말이야."

내가 대답했다.

"나 역시도 머리를 어지럽히는 소음들을 없앨 필요가 있어. 적당히 편안한 범위 안에서만 지내다 보면 오히려 소음이 더 심해지는 것 같아. 심리 분석은 여기까지만 하자. 결혼 정말 축하해!"

새미는 미소를 지어 보였고, 우리는 다시 한 번 잔을 부딪치며 건배했다. 그녀와의 대화 덕분에 생각해야 할 것들이 아주 많았다.

"좋아, 그럼 이제 뭘 하면 될까?"

"우선 짐부터 풀어. 그리고 오늘 저녁에 강가에서 바비큐 파티를 할 건데, 오빠가 엄청 좋아할 것 같아. 무척 재밌을 거야. 오빠가 맥스랑 빨리 친해졌으면 좋겠어. 정말 좋은 사람이거든."

"나도 굉장히 기대돼. 맥스는 정말 운이 좋은 녀석이야, 새미."

· · ·

바비큐 파티는 더할 나위 없이 좋았다. 양측의 가족과 친구들은 함께 모여 선선한 가을 초저녁 날씨를 즐기며 둘의 결혼을 축하했다. 저녁 내내 즐거운 대화와 웃음소리가 끊이지 않았다. 맥스의 부모님도 만났는데, 정말 좋으신 분들이었다. 머리강 주변 땅을 애정을 가지고 일구어온 선한 시골 분들이었다.

놀랍게도 강물의 색은 계속해서 바뀌었다. 나는 곧게 뻗은 나무와 주황빛을 띤 노을이 강물에 반사되는 변화무쌍한 캔버스에서 눈을 뗄 수 없었다. 그런데 유독 맥스하고는 이야기할 기회가 없었다. 밤이 깊어질수록 맥스는 가족과 어린 시절 친구들과의 대화에 집중하는 듯 보였다. 그러다 저녁 식사를 마치고 한참이 지난 후에야 강물을 물끄러미 바라보는 맥스를 발견했다.

맥스는 키가 컸는데, 마치 가고자 하는 방향을 정확하게 알고 있지만 굳이 서두르지는 않는 듯한 인상을 주었다. 새미도 이런 맥스의 면을 좋아했을 것이다. 맥스는 그녀의 삶을 잔잔하게 만들어주었다.

"맥스."

생각에 잠긴 그에게 내가 말을 건넸다.

"진작 이야기를 나눴어야 했는데, 미안하군요. 정말 멋진 분들이에요! 가족분들이 훌륭하네요. 친구분들도 다 좋고요. 모두가 진심으로 환영해줘서 기뻐요. 고마워요."

"물론이죠, 노아. 우리는 이제 한 가족이잖아요."

그렇게 우리의 대화가 시작되었다. 그는 농장에서 자란 이야기와 그가 배웠던 교훈들, 그리고 어린 시절의 일들을 들려주었다. 강가에 모인 여러 사람들이 이야기에 종종 등장했다. 나는 그의 태도에 매우 감동했다. 그는 나와 대화를 나누는 순간을 정말로 즐기고 행복해하는 것처럼 보였다. 느릿느릿한 말투였지만 안정적이고 논리적이었다. 그런 그의 모습은 대단히 인상적이었다. 장애물에 대한 계획을 세우고 편안함에서 벗어나야 한다던 새미의 말 때문인지 나는 맥스의 생각이 궁금해졌다.

"맥스, 개인적인 질문을 해도 될까요?"

"그럼요. 동생과 결혼할 사람인데, 무엇이든 물어보세요."

"내가 보기에 맥스는 굉장히 확신에 차 보여요. 매 순간 무슨 일을 해야 하는지 정확하게 알고 있는 것처럼요. 그런데 난 대부분 그렇지 못하거든요. 주변에서 일어나는 일들에 끌려가는 듯한 기분이 들죠. 당신에게는 어떤 비법이 있나요?"

"비법이요?"

그가 웃으면서 말했다.

"비법 같은 건 없어요."

"어쩌면 너무 개인적인 질문일 수도 있겠네요. 하지만 당신은 매사에 집중하는 것처럼 보여요. 아무런 방해도 받지 않고 말이에요. 늘 현재에 집중하려고 노력하는 편인가요?"

그는 기대어 앉으며 술을 한 모금 마셨다. 그러고는 입가에 옅은 미소를 띠며 대답했다.

"글쎄요. 저는 늘 이런 생각을 가지고 있었어요. 사람들이 사는 목적은 크게 사랑, 돈 그리고 목표 달성, 이 세 가지라고요."

명쾌한 그의 대답이 매우 놀라웠다.

"예를 들어서 오늘 밤은 무엇보다도 사랑이 중요해요. 여기 있는 모두 내가 사랑하는 사람들이에요. 그렇기 때문에 오늘 밤에 무슨 일이 벌어질까 걱정하지 않아도 되죠. 이 자리에 함께 모인 사람들과 즐거운 시간을 보내고 싶을 뿐이에요. 오늘 밤은 나한테 있어 '사랑'이라는 카테고리에 해당하는 날이죠. 즐기는 것이 최우선이에요. 무언가를 얻으려 하거나 내가 아닌 누군가가 되려 할 필요 없어요. 그저 사람들과 즐기기만 하면 돼요."

"놀랍군요."

내가 말했다.

"정말 멋진 생각인데요. 이렇게 명확하게 정의할 수 있는 모임은 처음인 것 같아요."

"그게 말이죠, 상황에 따라 달라요. 얼마 전 나는 출근해서 하기 싫은 일들을 처리해야 했어요. 직장에서 실수를 좀 해서 말도 안 되는 서류 작업을 해야 했어요. 하기 싫어도 반드시 마무리해야 하는 일이었죠. 그렇다고 굳이 즐기려 하지는 않았어요. 이럴 때에는 내가 마주한 상황이 '돈'이라는 카테고리에 해당한다고 생각하면 도움이 되더라고요.

요즘 청년들은 매 순간 진심을 다하고 열정을 쏟아부어야 한다고 여기는 것 같아요. 하지만 모든 상황이 사랑과 관련되어 있다고 생각하면 일분일초도 놓치지 않고 즐거움을 찾아야 한다는 강박관념에 시달리게 되죠. 모든 일이 다 즐거울 필요는 없어요. 기쁘지 않은 일도 있을 수 있어요. 어디까지나 업무일 뿐이잖아요. 돈을 벌기 위한 일이니까 돈과 관련해 생각하는 거죠."

난생처음 들어보는 관점이었다. 이상하게도 맥스의 말 한마디, 한마디를 곰곰이 생각해보게 되었다.

"가끔은 말이에요."

그가 계속 말했다.

"딱히 좋아하지도 않는 데다가 돈벌이도 안 되는 일을 해야 할 때가 있죠. 친구가 새 울타리를 치는 것을 돕는 것처럼 말이에요. 저는 물론 친구와 즐겁게 작업하기를 바라겠지만, 그게 결과는 아니에요. 목적은 목표 달성이니까요. 완료해야 할 일이 있고, 우리는 그 일을 해야 하죠. 그렇기 때문에 '목표 달성'이라는 카테고리에 넣는 거예요. 그렇게 생각하면 작업이 즐겁지 않아도 짜증을 낼 이유가 없어요. 더군다나 이런 일을 하면서 돈을 벌고 싶은 마음은 조금도 없어요. 그저 친구를 돕고 싶은 것뿐이에요. 목표 달성이 전부죠."

"정말 멋진 생각이네요."

내가 말했다.

"사랑, 돈 그리고 목표 달성, 정말로 간단해요. 이는 내가 하고자 하는 일에 집중할 수 있도록 도와주죠."

"맥스."

내가 말을 계속했다.

"당신과 대화할 수 있어서 참 다행이에요. 내 동생과 결혼하는 당신은 정말 운이 좋은 사람이에요. 하지만 동생 역시 운이 좋은 것 같네요."

이후 가벼운 대화를 이어가는 동안 나는 '사랑'이라는 카테고리에 집중하려고 노력했다. 모임에서 나누는 대화의 목적을 사랑에 두는 것만으로도 정말 놀라운 변화가 일어났다. 타인에게 좋은 인상을 주려고 애쓰지 않아도 자연스럽게 대화를 나눌 수 있었다.

• • •

머릿속에 가득한 새로운 생각들을 정리할 겸 나는 강가를 따라 산책을 하기로 했다. 노을의 화려한 색채가 어느덧 사라지고 빠르게 흐르는 강물 위로 달빛이 넘실대고 있었다. 오늘은 정말 멋진 하루였다.

새미는 지금 하고 있는 일의 목적을 아는 것이 얼마나 중요한지 알려주고, 장애물에 집중할수록 오히려 스트레스와 불안이 해소된다는 것을 알려주었다. 덕분에 나는 계획의 중요성을 깨달았다. 새미는 적당히 편안한 범위 안에서만 지내는 것은 나 자신에게 아무런 도움이 되지 않는다는 것도 일깨워줬다. 특별한 것을 얻기 위해 도전하는 삶이 진정으로 살아 있음을 느낄 수 있는 최고의 방법이라는 것도 깨닫게 해줬다.

나는 올해를 최고의 한 해로 만들기 위해 어떤 일을 시작하고, 어떤 일을 그만두어야 할지 곰곰이 생각했다. 지금으로부터 열두 달 후에 스스로 한 일에 뿌듯함을 느끼려면 어떻게 해야 할까? 분명한 건 적당히 하면 된다는 생각을 버려야 한다는 것이었다.

삶을 사랑과 돈 그리고 목표 달성이라는 세 가지 카테고리로 구분한다는 맥스와의 대화 또한 많은 교훈을 주었다. 정말로 효과적이고 훌륭한 발상이었다. 일에 대한 그의 생각 역시 놀라웠다. 모든 일에 재미를 느낄 필요는 없으며, 때로는 지루해도 반드시 마무리해야 하는 일도 있다는 것을 인정하는 자세는 정말 훌륭했다.

그 후 이틀 동안 말로 표현할 수 없을 만큼 멋진 시간을 보냈다. 특히 새미의 손을 잡고 식장 안으로 걸어들어갈 수 있어서 좋았다. 결혼식이 끝난 후 새미와 맥스는 말을 타고 노을을 향해 달렸다. 감격스러운 순간이었다. 날씨 또한 흠잡을 데 없었고, 오후 내내 새미의 얼굴에서는 아름다운 미소가 떠날 줄 몰랐다. 모든 것이 완벽했다.

나는 새미의 결혼식을 '사랑'이라는 카테고리에 넣었다. 다른 말이 필요 없는 기쁨의 순간이었다.

새미와 맥스는 내게 삶에서 마주하는 소음을 줄이는 요령을 알려주었다. 그리고 나는 이를 실천에 옮길 것이다.

예전에 나는 사랑이 주요 관심사인 친구들과의 모임 자리에서 일과 관련된 이야기를 자주 했었다. 디너파티에서 내가 직장에 대한 이야기를 쉴 새 없이 떠들어대는 통에 친구들은 속으로 지루해했을 것이다. 또 나는 반드시 마무리해야 하는 일들이 재미가 없으면 그 자체로 스트레스를 받는 실수를 범했다. 하지만 이제는 모든 일이 재미있을 필요는 없다는 것을 확실히 깨달았다.

앞으로는 모든 일의 목적을 잘 생각한 다음, 그에 해당하는 카테고리를 정할 생각이다. 이는 내가 하고자 하는 일을 명확하게 이해하는 데 큰 도움이 되리라고 믿는다. 이제 결과에 연연하지 않고 매 순간을 즐길 일만 남았다.

장애물에
집중하라

목표를 세웠다면 먼저 스스로에게 다음과 같은 질문을 해보자.

"목표를 이루는 데 어떤 점들이 방해가 될까?"

그런 다음, 각각의 장애물을 어떻게 공략해야 할지 전략을 세워보자. 장애물을 효과적으로 없애기 위해서는, '이럴 때는 이렇게 하자'는 전략을 세워야 한다. 효과적인 전략을 바탕으로 장애물에 대비한다면 불안과 걱정을 줄일 수 있다. 꼼꼼한 준비를 통해 스트레스를 줄일 수 있는 것이다.

결과에 대한 집착도 버려라. 목표를 설정하고 모든 준비를 마쳤다면 이제 결과에 대한 집착을 버려야 한다. 일의 진행 상황을 의식적으로 관찰하면서 배울 점은 배우고, 고칠 점은 개선하도록 하자. 어차피 일어날 일은 일어나기 마련이므로 결과에 연연해하지 않는 것이 중요하다. 대신 다음번에는 어떤 부분을 더 잘할 수 있을지 고민해보면 된다.

익숙한 것에서
벗어나라

진정으로 살아 있음을 느끼고 싶다면 익숙한 것에 안주하지 말고 끊임없이 도전해야 한다. 편안하고 익숙한 상태에만 머무른다면 뛰어난 성과를 기대할 수 없다.

지금까지 성과를 거둔 일 중에서 가장 자랑스러웠던 일들을 떠올려보자. 아마도 익숙하고 편안한 것에서 벗어나 많은 노력을 기울여야 했을 것이다. 올해가 가기 전 보람차고 뿌듯한 성과를 내려면 어떻게 해야 할지 한번 고민해보자.

삶을 세 가지
카테고리로 나눠라

사랑, 돈 그리고 목표 달성, 이 세 가지는 내가 하고 있는 일과 목적을 명확하게 파악하는 데 도움이 되는 요소다. 삶의 모든 부분을 사랑과 돈, 목표 달성이라는 세 가지 카테고리로 나누자. 내가 왜 이 일을 하는지 보다 확실하게 알 수 있을 것이다. 또한 집중력과 만족감도 커질 것이다.

우리가 해야 하는 일이 모두 즐거울 수도 없고, 또 그럴 필요도 없다는 사실을 명심하자. 내가 하는 모든 일에 재미를 느낄 필요는 없으며, 가끔은 지루하게 느껴져도 반드시 마무리해야 하는 일도 있다는 것을 인정하는 자세가 필요하다.

장애물을 제거하기 위한 **체크리스트**

1. 원하는 삶의 목표를 달성하는 데 방해가 되는 장애물은 무엇인가? 직장에는 어떤 장애물이 있는가? 가정에는 어떤 장애물이 있는가? 건강과 운동을 방해하는 장애물에는 어떤 것들이 있는가?

2. 장애물을 제거하기 위해 '이럴 때는 이렇게 하자' 전략을 어떻게 응용할 것인가? 방해 요소를 없애는 데 효과적인 전략들을 생각해보자.

3. 결과에 대한 집착을 버릴 준비가 되어 있는가? 과거의 결과에 연연한 나머지 다른 좋은 기회들을 놓친 적이 있는가? 내가 해야 할 일들을 의식하되, 지나친 집착을 버리도록 노력하라.

4. 늘 익숙하고 편안한 상태에 머물러 있는가? 그렇다면 스스로 새로운 시도를 하도록 설득하기 위해서는 어떻게 해야 할까? 한계를 넘어 자신을 밀어붙일 때 비로소 살아 있음을 느낄 수 있다는 사실을 명심하라.

5. 삶을 보다 명쾌하게 살기 위해 모든 일들을 목적에 따라 '카테고리'로 나누는 것에 대해 어떻게 생각하는가? 혹시 모든 일이 즐거워야 한다는 강박관념에 빠져 있지는 않은가? 카테고리별로 목적을 구분한다면 직장 내의 문제들을 해결하는 데 어떤 도움이 될지 생각해보자.

CUT
THE
NOISE

2부

소음을 줄이면
삶의 질이 달라진다

| 실천 편 |

03

처음 계획한
목적에 집중하라

"때로는 초심으로 돌아가
그 일을 왜
시작했는지 목적을
돌아보는 것도 중요하다."

• • •
목적이 이끄는
삶을 살아라

다음 일화는 내가 어렸을 때 캐럴 데이라는 여성이 그녀의 인생을 바꾸기 위해 어떤 결정을 내렸는지 단적으로 보여준다. 캐럴 데이는 바로 내 어머니다.

1975년, 나는 다섯 살이었고 내 남동생은 두 살이었다. 간호사였던 어머니와 어머니의 친구는 그해 고아들을 구하기 위해 베트남 전쟁 막바지에 대혼란을 겪고 있던 사이공으로 가기로 결정했다. 두 사람이 참여했던 구조 프로그램의 이름은 '베이비리프트 작전'으로, 남베트남에서 수천 명의 고아와 어린아이들을 구출시켜 호주와 미국 그리고 그 외의 국가로 입양 보내기 위한 목적으로 조직되었다.

사이공이 북베트남 군대와 베트콩에 포위되어 함락되기 직전 두 명의 간호사가 미국에서 사이공으로 날아갔다. 두 사람은 밀반입한 돈으로 필요한 물품을 구입했다. 또한 폭격의 위협에도 목숨을 걸고 수백 명의 아기가 들어 있는 판지 상자를 제트기에 실었다.

실로 놀라운 이야기였다. 이는 굉장히 위험하고 험난한 여정이었다. 맨 처음 고아들을 실은 비행기는 이륙 직후 폭발했고, 비행기에 타고 있던 155명의 자원봉사자와 아기들은 목숨을 잃었다. 어머니와 어머니의 친구는 나중에 직접 경험한 일들을 바탕으로 책을 쓰기도 했으며, 베이비리프트 작전과 관련된 많은 책과 다큐멘터리에 두 사람의 이야기가 소개되기도 했다.

나의 어릴 적 가장 기억에 남는 일 중 하나는 탑승객 명단에 어머니가 없는 것을 확인하기 위해 정신없이 전화를 걸던 가족의 모습이다. 다행스럽게도 어머니는 그 비행기에 오르지 않았다. 나중에 어머니는 비행기 잔해에서 피어오른 검은 연기와 비행기가 어떻게 공격을 당해 추락했는지 자세히 이야기해주었다. 아마도 어머니는 혼란 속에서 두려움과 공포에 시달렸을 것이다.

추락사고 후 며칠이 지나 어머니와 어머니의 친구는 판지 상자에 나란히 누운 200명이 넘는 아기들과 함께 다른 비행기를 타고 사이공을 떠났다. 최종 이륙 허가를 기다리는 동안 자원봉사자들은 한 명도 빠짐없이 24시간 내내 아기들을 돌봤다. 앉을 새 없이 수백 번 기저귀를 갈아야 했던 것 외에 다행히도 별다른 문제는 일어나지 않았다.

마침내 비행기는 미국에 도착했고, 수많은 자원봉사자들과 들뜬 양부모들이 그들을 맞이했다. 베이비리프트 작전으로 인해 2,700명이 넘는 아이들이 구출되어 호주와 미국의 새로운 가정으로 입양되었다.

목적이 확실하면
죄책감이 사라진다

나이가 들어 아이를 낳고 기르면서 어머니는 어떻게 엄마를 필요로 하는 어린 두 자식을 집에 놔두고 그 험한 길을 떠날 수 있었는지, 죄책감 같은 것을 느끼지는 않았는지 궁금해지기 시작했다. 나는 위험한 여정이라는 것을 잘 알면서도 나와 동생을 놔두고 떠난 것에 대해 어머니에게 직접 물어봤다. 내 어려운 질문에 어머니는 괌에서 필리핀으로 향하던 비행기에서 일어난 일을 들려주었다.

한밤중이었는데, 사이공에 가까워질수록 어머니는 불안해졌다. 사실 잔뜩 겁을 먹은 상태였다. 기내 안을 돌며 탑승객들을 살피던 승무원이 잠에서 깨어 벌벌 떨고 있는 어머니를 발견했다.

승무원은 어머니 앞에서 걸음을 멈추고 몸을 낮춰 어머니의 손을 잡았다. 그는 어머니를 향해 미소를 지은 후 기분이 어떤지 물었다. 어머니는 승무원에게 온몸이 아프다고 솔직하게 털어놓았다. 죽을까 봐 두렵고, 가지 말라고 말리던 가족의 말을 듣지 않은 것을 후회하고 있다고도 말했다. 한창 전쟁이 벌어지는 나라로 착륙이 가까워올수록 더욱 겁이 났다고 덧붙였다.

어머니는, 차분한 목소리로 "당신은 당신이 생각하는 것보다 훨씬 더 용감한 사람입니다"라고 말하던 그의 모습이 아직도 생생하다고 했다. 그는 가족의 반대를 무릅쓰고 위험한 일에 뛰어드는 사람은 많지 않을 것이라며, 이것이야말로 진정한 용기라고 말했다. 그리고 이어진 그의 말은 어머니가 다시 처음 계획한 목적에 집중하도록 도와주었다. 그는 어머니에게 왜 자원봉사를 시작했는지 물었다. 어머니는 수많은 사람들의 인생을 영원히 바꿀 수 있는 기회는 흔치 않을 것이라고 생각해서 자원봉사를 하게 되었다고 대답했다. 그러자 승무원은 이렇게 말했다.

"강해져야 한다면 반드시 그렇게 될 겁니다. 확신을 가지세요."

그의 말을 들은 어머니는 바로 진정을 되찾았다. 문득 모든 것이 괜찮을 것이라는 생각이 들었다고 한다. 가족들이 아이들을 잘 돌보고 있을 거라는 믿음이 생기면서 우리를 놔두고 떠났다는 것에 대한 죄책감도 사라졌다고 했다. 그 후 어머니는 여정 내내 자신에게 주어진 임무에 최선을 다할 수 있었으며, 죄책감이나 두려움을 느끼지도 않았다. 어머니가 내면의 소음을 줄일 수 있도록 그 승무원이 도움을 준 것이었다.

어머니는 베트남에 도착했을 때 살아 있음을 느꼈다고 말했다. 승무원과의 대화는 어머니가 애초에 이 일을 왜 시작했는지 그 이유를 상기시켜주었다. 이렇듯 목적을 명확하게 알 때 두려움과 죄책감은 사라진다. 목적이 분명하면 해야 할 일에 보다 쉽게 집중할 수 있기 때문이다.

오늘날까지도 어머니는 사이공으로 떠났을 때의 모험을 인생에서 가장 자랑스러운 순간으로 기억한다. 우리 모두 삶의 목적을 다시 한 번 되새길 필요가 있다. 훌륭한 일을 해내고, 쉽지 않은 모험에 도전하도록 채찍질하는 나만의 목적은 무엇인가?

때로는 초심으로 돌아가 그 일을 왜 시작했는지 목적을 돌아보는 것도 중요하다. 목적이 확실하면 죄책감을 버리고, 인생에서 가장 중요한 일이 무엇인지 명확하게 파악하는 데 도움이 된다.

목적에 집중하기 위한 체크리스트

1. 처음에 그 일을 왜 시작했는지 목적을 돌아보고 개선할 부분을 찾아보
자. 그 일을 하려는 목적은 무엇이었는가? 그 목적이 여전히 유효한가?

2. 다른 사람의 비판이나 비난이 두려워 시도하지 못했던 목표나 꿈 또는
도전 과제가 있는가?

3. 목표 달성이 무엇보다 중요하게 생각되어 다른 한편의 죄책감을 버려도
될 만한 일이 있는가?

04

나의 진짜 행복에
집중하라

"소셜 미디어를 통해 진짜
'나'를 보여줄 때 불필요한
스트레스는 줄어든다."

완벽해 보이려
애쓰지 마라

많은 사람들이 완벽해 보여야 한다는 강박관념에 시달린다. 하지만 이러한 강박관념은 우리에게 아무런 도움이 되지 않는다. 수많은 광고들에서는 어떤 식으로 몸매를 가꾸고, 어떤 제품을 사용하며, 어떤 경험을 용감하게 해야 하는지에 대해 쉴 새 없이 이야기한다. 이는 오래전부터 변하지 않는 사실이다. 아름다움을 지닌 사람과 뛰어난 제품, 그리고 남다른 생활 방식은 누구나 부러워하고 꿈꾸지만 모두에게 허락되지는 않는다.

이제는 스스로를 광고할 수 있는 세상이 되었다. 소셜 미디어를 통해 누구나 자신의 삶을 세상과 공유할 수 있게 되었다. 사람들과 최고의 순간들을 함께 나누고, 그에 대한 의견을 직접 들을 수 있는 것은 물론 흥미로운 현상이다. 풀장에서 칵테일을 마시거나 멋진 식사를 하고, 해변을 거닐면서 휴가를 보내는 사진을 바로바로 소셜 미디어에 올릴 수도 있다. 마치 연예인이나 유명 인사처럼 말이다. 솔직하게 말하자면 소셜 미디어는 내게 큰 즐거움이다. 소중한 사람들이 이 넓은 세상 속에서 어떤 일을 하고 있는지 알 수 있는 것이 재미있다. 호주에 살고 있는 내가 태국에서 찍은 휴가 사진을 미국에 있는 어머니와 바로 공유할 수 있는 것은 정말로 멋진 일이다.

단, 다음의 두 가지를 기억해야 한다. 첫째, 완벽한 삶에 대한 갈망은 오히려 감당하기 힘든 불안을 가져온다. 둘째, 남들과 자신을 비교하는 것 역시 엄청난 불안을 가져온다. 소음을 줄이도록 노력해야 한다. 혹시 소셜 미디어에서 '좋아요'를 몇 개나 받느냐가 내 자존감에 영향을 주지는 않는지 두 번, 세 번 살펴야 한다.

이 세상에 완벽한 사람은 없다. 또 완벽함이 타인에게 호감을 사는 매력적인 요소도 아니다. 흔히 사람들은 누군가 완벽한 삶을 사는 듯해 보이면 왠지 모를 억울함과 질투를 느낀다. 그보다는 오히려 허술한 면에서 인간적인 매력을 느낄 수도 있다. 또한 공감대를 형성할 수 있는 사람을 훨씬 더 좋아한다.

SNS에 가짜 행복을
연출하지 마라

사람들이 종종 내게 세일즈나 의사소통과 관련된 트렌드에 관해 물어보곤 한다. 당연히 모든 트렌드를 이끄는 것은 나날이 발전하는 기술이다.

그렇다면 인간적인 면에서 가장 핵심이 되는 것은 무엇일까? 이 질문에 나는 주저 없이 대답할 수 있다. 그것은 바로 '진정성'이다.

우리는 진정성을 추구해야 한다. 소셜 미디어를 통해 진짜 '나'를 보여줄 때 불필요한 스트레스는 줄어든다. 반면 소셜 미디어에 비춰진 모습이 자신의 실제 삶과 거리가 멀어질수록 사람들의 반응에 더욱 집착하게 된다.

　나는 경쟁 기업에서 무엇을 하는지 알면 알수록 더 큰 압박에 시달리는 수많은 사업가들을 만났다. 그들은 경쟁 기업의 소셜 미디어 포스팅에 열중하느라 정작 자신의 기업에는 집중하지 못하는 모습을 보였다. 경쟁 기업의 소셜 미디어를 살펴보고 인터넷에서 관련 정보를 검색하는 것은 새로운 아이디어를 얻기 위해서다. 결코 새로운 형태의 불안과 공포를 느끼기 위함은 아니다. SNS를 나에게 도움이 되는 방향으로 잘 활용하자. 그러다 보면 운 좋게 경쟁 기업의 성공 사례를 모범 삼아 더 나은 성과를 얻을지 누가 알겠는가!

✓ 진짜 행복을 찾기 위한  체크리스트

1. 소셜 미디어가 자신의 감정에 영향을 미친 적이 있는가? 소셜 미디어를 통해 자신의 가치를 확인받고자 하는 욕구가 건전하다고 생각하는가? 그렇지 않다면 소음을 줄일 방법을 고민해보자.

---

2. 소셜 미디어를 통해 보이는 타인의 삶을 쉽게 판단하고 비판하는 편인가? 다른 사람과 건전하지 않은 방식으로 경쟁하고 있다고 생각하는가? 그렇다면 자신과 다른 사람을 비교하는 관점에 불필요한 소음이 발생하고 있을 수 있다.

---

3. 소셜 미디어를 통해 보다 긍정적인 방법으로 일상에서 하는 행동들을 파악하고 개선할 수 있는가?

05

결과에
집착하지 마라

"뭐든 지나치게 신경을 쓰지
않는 것이 중요하다.
결과에 집착하지 말자."

지나친 걱정과
집착에서 벗어나라

나는 완벽한 아빠가 되기 위해 노력하는 편이다. 한데 결과에 지나치게 집착하는 경향이 있다. 나는 또 다른 사람의 즐거움을 종종 너무 심각하게 받아들일 때가 있다. 실제로 살아오면서 다른 사람에게 즐거움을 선사해야 한다는 것에 지나치게 집착한 적이 여러 번 있다.

우리 집에서 디너파티라도 여는 날이면 나는 손님들이 한 명도 빠짐없이 즐거운 시간을 보내는지 확인하고 또 확인한다. 술잔이 비지는 않았는지, 음식이 맛없지는 않은지, 그리고 대화의 흐름이 끊기지는 않는지 신경을 쓴다. 이게 내 성격이다.

나는 사람들을 접대하는 것을 좋아한다. 손님들이 즐거운 시간을 보내면 나도 덩달아 기분이 좋아진다. 물론 이는 전반적으로 좋은 성향이다. 하지만 몇 가지 문제를 안고 있기도 하다.

먼저 적정한 선을 지키지 못하고 밤새도록 완벽함을 쫓느라 전전긍긍하고 만다. 앞서 말한 것처럼 완벽주의는 멋진 삶을 사는 데 방해만 될 뿐이다. 뿐만 아니라 멋진 디너파티에도 방해가 된다.

무엇보다 내게 있어 오늘 밤 열리는 디너파티가 완벽하지 않아도 괜찮다는 점을 의식하는 것이 중요하다. 모두가 즐거운 시간을 보낼 수 있도록 준비한 후에는 쓸데없는 걱정을 내려놓고 함께 즐겨야 한다.

어차피 일어날 일은 일어나기 마련이다. 디너파티에서 좋은 시간을 보내는 데 집중하고, 결과에 대한 집착은 버리는 것이 중요하다.

지금 이 순간을
즐겨라

지나친 걱정과 집착에서 벗어나야 하는 이유는 종종 어른들보다 아이들이 더 잘 이해한다.

아이들이 어렸을 때 나는 굉장히 멋진 생각을 떠올렸다. 세 아들이 각각 다섯 살이 될 때마다 단둘이서 내 고향인 미국으로 건너가 부모님도 뵙고, 디즈니랜드도 놀러 간다면 정말 좋을 것이라고 생각했다. 실제로도 정말 좋은 생각이었다.

나는 첫째 제이크와 둘째 빌리를 각각 데리고 콜로라도 주에 있는 어머니 댁에 간 다음, 캘리포니아의 디즈니랜드로 건너가 아버지를 만났다. 하지만 셋째 PJ의 차례가 되었을 때에는 아버지가 돌아가신 후였고, PJ는 가족 모두 함께 가기를 원했다. 그래서 우리 가족은 함께 비행기에 올랐다. 어머니는 우리 부부와 아이들을 모두 볼 수 있어서 정말 기뻐하셨고, 우리는 함께 디즈니랜드로 향했다. 모든 것이 완벽했다. 디즈니랜드로 떠날 때마다 우리 가족은 좋은 추억을 만들었다.

빌리를 데리고 디즈니랜드에 갔을 때에는 빌리와 나 단둘이서만 부모님을 만나기 위해 태평양을 건넜다. 우리는 아버지, 양어머니와 함께 애너하임에 있는 호텔에 묵었다. 그리고 다음 날 눈부신 캘리포니아의 아침 햇살을 맞으며 '세상에서 가장 행복한 곳'으로 모험을 떠났다. 정말 멋진 하루였다.

빌리는 무척 즐거워했는데, 특히 퍼레이드를 볼 때 신나했다. 한창 만화 캐릭터인 라이트닝 맥퀸을 좋아할 때여서 실제 크기의 라이트닝 맥퀸이 모서리를 돌아 모습을 나타내자 흥분을 감추지 못했다. 그토록 신이 난 아이의 얼굴은 처음 보는 것처럼 느껴질 정도였다. 하지만 그날도 나는 빌리가 완벽하게 즐거운 시간을 보내야 한다는 생각에 사로잡혀 있었다. '니모를 찾아서' 놀이 기구를 타기 위해 기다리면서도 나는 그 순간을 즐기는 대신 빌리에게 놀이 기구에 대해 부풀려서 설명하느라 정신이 없었다.

"빌리, 정말 재밌을 것 같지 않니? 이제 곧 니모를 볼 거야! 아마 거북이 크러쉬도 볼 수 있을걸. 어쩌면 말이야, 도리도 볼 수 있을지 몰라. 어떻게 생각하니?"

그러자 빌리는 나를 올려다보더니 이 순간을 즐겁게 만들기 위해서 노력하는 내 모습이 안쓰럽다는 듯 팔꿈치에 손을 올리고는 이렇게 말했다.

"아빠, 우리 그냥 놀이 기구를 타요. 재미있을 거예요. 보게 되면 보는 거죠!"

그러고는 고개를 돌렸다. 이게 아이의 입에서 나온 말이라니!

'보게 되면 보는 것이다.'

십 년이 지난 지금도 나는 가끔씩 그 순간을 떠올린다. 그리고 이런저런 상황에서 이 말을 되뇌곤 한다. 실제로 우리 가족 모두 결과를 알 수 없는 새로운 모험을 시도할 때마다 이 말을 주문처럼 외우고 있다.

올해 태국에서 강연할 일이 있었는데, 마침 방학을 맞은 아이들과 아내가 강연이 끝난 후 함께 시간을 보내기 위해 그곳으로 왔었다. 여행의 하이라이트는 자전거를 타고 45킬로미터를 달리는 일정이었다. 우리는 미얀마와 태국 사이 국경에서 타일랜드만을 따라 자전거를 타고 모험을 떠날 준비를 마쳤다. 그리고 서로를 쳐다보며 이렇게 말했다.

"위대한 빌리 헬더가 말했듯이, '보게 되면 보는 거야!'"

이 말은 이제 우리 가족의 만트라(진리의 말)나 다름없다.

우리는 올바른 마음가짐을 장착하고 페달을 밟았다. 완벽하지 않아도 좋았다. 눈을 크게 뜨고 보이는 것을 보면 그만이라는 생각이었다. 이처럼 어떤 상황에서든 결과에 대한 집착을 버리고 그 순간을 즐긴다면 훨씬 더 성숙한 인간이 될 수 있다.

신경을 쓰되, 지나치게 신경을 쓰지는 않는 것이 중요하다. 결과에 집착하지 말자. 보게 되면 보는 것이다.

걱정과 집착에서 벗어나기 위한 체크리스트

1. 다른 사람을 항상 만족시키고 모두를 즐겁게 해야 한다는 강박관념에 빠져 있는가?

2. 결과에 대한 걱정과 집착에서 벗어나 일이 자연스럽게 진행되도록 내버려둔 적이 있는가? 디너파티나 가족 여행 등의 상황에서 종종 벌어지는 일들을 그저 가만히 지켜보는 것도 때로는 도움이 된다. 모든 것을 통제하는 것은 불가능하다는 사실을 기억하라.

3. 최선을 다해 준비하되, '보게 되면 보고, 아님 말고!'라고 마음먹을 준비가 되었는가?

06

핵심 믿음과
정체성을 찾아라

"가상의 세계와 연결을 끊고
대신 우리의 진짜 모습에
더욱 가까워지도록 노력하라."

가상의 세계에서
빠져나와라

어느 날 오후, 나는 '핵심 믿음'과 '정체성', 그리고 이 두 가지가 '신념'에 어떤 도움이 되는지에 대해 고민하는 시간을 가졌다.

와테고스 베이의 주차장에 도착한 나는 아침에 콘퍼런스에서 강연을 마친 후 오후에는 글을 쓰면서 아주 멋진 자연경관을 즐길 생각이었다. 호주 전역을 여행하는 일은 그 자체로 엄청난 기쁨이다. 삶을 살아가기에 호주는 너무나도 아름답고 훌륭한 곳이다. 한때 내가 이곳에 정착하리라고는 전혀 생각조차 할 수 없었던 적도 있었지만, 어쨌든 나는 지금 이곳에서 살게 되었고 그러한 사실에 정말 감사하게 생각한다.

나는 45분여간 호주의 동쪽 가장 끝부분인 등대에서 말없이 바다를 바라보았다. 햇빛이 반짝이며 부서졌고, 파도는 말로 설명할 수 없을 만큼 선명한 푸른빛을 띠고 있었다. 등대 주변을 거닐다 보니 나 자신이 그 놀라운 풍광의 일부인 듯한 기분이 들었다. 내 주변을 감싸는 세상에 경외심이 들었고, 지금까지 살면서 걸어온 여정에 감사함을 느꼈다. 이처럼 의식이 완전히 깨어 있는 상태에서 주변 상황을 고스란히 느끼는 것은 즐겁고 신나는 일이다.

나는 종종 우리 사회가 자연에 대한 경외심을 잃어버릴까 봐 두려워진다. 가던 길을 멈추고 가끔은 장미꽃 향기를 맡으라는 말이 상투적으로 들릴 수도 있겠지만, 많은 사람들이 충분히 시간을 들여 주변에 있는 아름다움을 제대로 즐기지 않는다는 사실은 분명 우려스럽다. 물론 이는 결코 쉽지 않은 일이다.

도대체 왜 잠깐 멈추어 서서 주변을 살피고 이를 받아들이는 것이 어려운 걸까? 기술을 기반으로 한 끝임없는 자극으로부터 한 발짝 떨어지는 것이 왜 이토록 어려울까?

그 첫 번째 이유는 우리가 너무도 바쁘게 살아가기 때문이다. 또 우리는 다른 사람에게 자신이 얼마나 바쁜지 설명하는 것을 좋아한다. 오랜만에 만나는 사람을 보자마자 가장 먼저 하는 이야기 역시 얼마나 바쁘게 살고 있는지에 관한 것이다. 물론 많은 사람들이 정말로 말도 안 되게 바쁘게 살고 있다. 사회 전체가 쉴 틈 없이 바쁘게 돌아간다. 복작거리는 출근길에서부터 끝날 줄 모르는 회의, 일정 그리고 마감일까지 현대를 살아가는 우리는 엄청나게 많은 업무로 허우적거린다.

두 번째 이유는 우리가 늘 소통하면서 살고 있기 때문이다. 그것도 전례 없이 빠른 속도로 말이다. 요즘 사람들은 문자메시지, 이메일, 메신저, 인스타그램, 스냅챗 그리고 트위터 등을 통한 사회적인 교류에 크게 의지한다. 이는 곧 우리가 의사소통을 주고받고 반응하며, 또 피드백을 갈구하는 데 지속적으로 집중하고 있다는 것을 의미한다.

세 번째 이유는 우리가 예전에 비해 물리적으로 고개를 숙인 채 살고 있기 때문이다. 지하철만 타도 압도적으로 많은 수의 사람들이 스마트폰에 시선을 고정한 채 고개를 숙이고 있는 모습을 쉽게 볼 수 있다. 몇몇 사람들만이 서로 얼굴을 맞대고 소통할 뿐이다. 창밖을 내다보면서 주변을 탐색하는 사람은 더욱 적다. 물론 오해는 하지 않기를 바란다. 나도 고개 숙인 사람들 중 한 명이니까.

스마트폰은 그야말로 놀랍고도 엄청난 미니컴퓨터다. 덕분에 최초로 달에 착륙한 아폴로 11보다 훨씬 더 많은 기술을 손안에서 사용할 수 있게 되었다. 따라서 고개를 숙이는 일이 많아진 것은 어찌 보면 당연하다.

한편 스마트폰이 오히려 우리에게서 행복을 빼앗아간다는 의견도 충분히 납득이 간다. 실제로 예전보다 더 많은 수의 사람들이 우울증에 시달리고 있는 것이 사실이다.

더 늦기 전에 이러한 소음을 줄이고 우리 주변의 멋진 세상과 다시 교류해야 할 필요가 있지 않을까? 가상의 세계와 연결을 끊고 대신 우리의 진짜 모습에 더욱 가까워져야 하지 않을까? 과연 얼마나 많은 사람들이 진정으로 자연과 하나로 연결되어 있다는 핵심 믿음을 가지고 있을까? 나아가 얼마나 많은 사람들이 이러한 믿음을 원할까? 만약 주변의 아름다움에 경외심을 느끼는 편이라면 하루하루를 다르게 살아가기 위해 이를 어떻게 활용할 수 있을까?

와테고스 베이에서 나는 자동차 뒷좌석에 있던 수건과 공책을 꺼내 해변으로 내려갔다. 선크림을 바르기는 했지만 제대로 바르지 않은 듯한 생각이 들었다. 해변까지 걸어가는 동안 따뜻한 모래가 발가락 사이로 으깨졌다.

사람들로 북적이는 해변에서 나는 빈자리를 찾아 수건을 넓게 깔았다. 그리고 몇 가지 생각을 적기 위해 공책을 꺼내 필기 준비를 했다. 매일 감사하는 마음과 모두가 겪는 분주함 사이의 관계를 나는 어떻게든 연결하고 싶었다.

5분이라는 시간이 흐르는 동안 나는 공책에 단 두 가지의 아이디어만 적었다.

1. 핵심 믿음
2. 정체성

그러자 정신이 번쩍 들었다. 핵심 믿음과 정체성은 소음을 줄이는 마지막 단계이기 때문이다.

내 인생을 이끄는
핵심 믿음은 무엇인가?

오늘날 각종 언론에서는 무엇무엇을 믿으라며 무수히 많은 소음을 쏟아낸다. 각자의 의견이 있기 마련이지만 언론에서는 볼륨을 높이고 목소리 큰 사람이 주목받는 토론의 장을 만든다. 또 사람들의 관심과 유명세를 얻고자 하는 언론과 정치인들은 쉴 새 없이 유행어를 만들어내며 극단주의와 편협성을 부추긴다. 요즘 언론은 우리에게 둘 중 하나를 선택하고 모든 주제에 감정적으로 대응할 것을 요구하는데, 이러한 대립적인 사고방식에 물들지 않도록 주의해야 한다.

대의나 목적의식을 갖고 진정한 변화를 이끌어내고자 노력하는 청년들도 종종 눈에 띈다. 하지만 언론에서 쏟아내는 혼란스러운 정보들은 그들의 신념을 흐트러뜨리기 쉽다. 자신의 관점을 확고히 하려면 극단적인 메시지 사이에서도 중심을 잃지 않고 뚝심 있게 나아갈 수 있어야 한다. 이와 동시에 다른 사람의 의견에 귀 기울이는 것 역시 그전보다 훨씬 더 중요해졌다.

우리는 누구나 주변의 소음으로부터 영향을 받는다. 나도 언론의 메시지에 동요될 수 있다. 나 역시 남들만큼이나 소셜 미디어와 뉴스 보도, 리얼리티 TV 프로그램 그리고 보건, 종교, 정치, 사회 문제를 다루는 토론을 즐겨 본다. 또 다른 사람들처럼 나와 생각이 다른 고집스러운 사람의 격앙된 의견에 감정적으로 반응하기도 한다.

어떤 상황에서든 우리는 항상 양보하고 타협하는 마음을 잃지 않도록 노력해야 한다. 양보와 타협은 우리 모두가 소통하고, 감사하고, 또 사랑할 수 있는 사회를 만드는 데 반드시 필요한 요소다. 자신의 생각에 확신이 들더라도 다른 사람의 말을 경청하고 의견을 주고받는 자세가 필요하다.

무엇보다 우리의 인생을 견인하는 핵심 믿음을 찾는 것이 중요하다. 핵심 믿음은 소음을 어떻게 줄일 것인지 결정하는 데 많은 도움이 되기 때문이다. 그런데 최근에는 핵심 믿음에 관심을 갖는 사람이 별로 없다. 사람들에게 핵심 믿음이 무엇인지 물어보면 대개 어떻게 대답해야 할지 몰라 망설인다. 그러면서 대부분 가족, 일, 친구, 건강, 지역 사회 그리고 개인적인 시간 등 여섯 개의 원과 관련된 이야기를 한다. 하지만 이는 진정한 핵심 믿음이 아니다.

핵심 믿음이란 우리가 지키면서 살아가는 기본적인 원칙을 가리킨다. 이는 우리에게 도움이 되는 신념과 우리의 정체성 형성에 영향을 미친다. 또 우리로 하여금 더욱 숭고하고 아름다운 존재로 거듭날 수 있도록 한다.

내가 원하는
모습대로 행동하라

핵심 믿음은 진정한 자아를 찾는 데 많은 도움이 된다. 또 도움이 되는 신념은 핵심 믿음과 잘 맞아떨어질 때 더욱 효과적이다. 이러한 믿음은 우주의 호흡과 인간이 가지고 있는 신비로움과 맞닿아 있다. 또한 이러한 신념은 우리의 정체성과 더불어 궁극적으로 원하는 모습을 찾는 데 도움이 된다.

정체성이 행동에 영향을 준다는 것은 이미 잘 알려진 사실이다. 자기 자신을 어떻게 생각하느냐가 어떤 행동을 할지를 결정한다. 만약 스스로를 건강한 사람이라고 생각한다면 자연스럽게 헬스장에서 보내는 시간이 많아질 것이다. 스스로 높은 실적을 달성하는 영업사원이라고 믿는 순간 잠재 고객을 파악하고 전화기를 들어 새로운 영업 기회를 찾을 것이다. 또한 자신이 좋은 친구라고 여기면 지인의 삶에 더 많은 관심을 기울이게 된다.

특히 아이를 키우는 부모에게서 이와 같은 면을 많이 발견할 수 있다. 스스로 책임감 있는 부모라고 여기는 사람은 한층 더 진지하게 자식을 돌본다. 이들은 아이들과 더 많은 시간을 보내기도 하고, 아이들의 생활에 보다 적극적으로 참여하기도 한다.

자신감 역시 마찬가지다. 타인의 관심을 받을 자격이 있다고 확신하는, 자신감 넘치는 사람은 클럽에서 더 많은 주목을 받는다. 스스로를 어떻게 바라보느냐에 따라 우리의 행동이 결정되고, 나아가 다른 사람의 반응에도 영향을 미치게 된다.

얼마 전 아들 PJ가 6학년 숙제로 자화상을 그린 적이 있었다. 아들이 그린 그림은 훌륭했다. 그런데 그다음 단계가 더욱 흥미로웠다.

PJ는 숙제로 나누어준 종이 맨 밑에 나와 있는 단어들 중에서 자신을 가장 잘 설명하는 단어를 골라야 했다. 동시에 반 친구들도 PJ를 가장 잘 설명하는 단어를 골랐다. 아이들은 저마다 멋진 자화상 밑에 좋은 의미를 가진 형용사를 골라 적었고, 이를 통해 아이들이 스스로를 어떻게 생각하는지 한눈에 볼 수 있었다. 마찬가지로 어른들도 스스로를 좋은 방향으로 묘사하는 사람은 역시 긍정적인 단어를 선택할 것이다.

반대의 경우도 생각해볼 수 있다. 자신을 부정적으로 묘사하는 사람은 그에 상응하는 행동을 할 가능성이 높다. 이런 성향의 사람들은 대개 쉬운 길을 택한다. 자신의 한계를 시험하기보다는 엑셀에서 발을 뗄 구실을 찾는다. 스스로 운이 없다고 생각되면 위험을 피하고 더 나은 삶을 살기 위한 노력을 멈추는 것이다.

실제로 자신이 매력 없고, 제대로 배우지 못했으며, 운도 나쁘고, 늘 부당한 대우를 받으며, 가난하고 머리도 나쁜 실패작이라고 비생산적인 생각을 하는 사람은 대개 부정적인 행동을 보인다. 하지만 이 모든 것은 소음에 불과하다. 부정적인 영향을 미치는 소음을 줄이도록 노력해보자. 행동을 바꾸고 싶다면 가장 먼저 내가 되고 싶은 모습의 정체성에 더욱 가까이 다가가도록 노력해야 한다.

지난 몇 년간 나는 '자신이 원하는 모습대로 행동하라'는 개념을 가르쳐왔다. 스스로 원하는 사람이 되려면 어떻게 행동해야 할까? 어떤 것들에 집중해야 할까? 이를 통해 어떤 점들을 배울 수 있을까? 무엇을 읽고, 무엇을 봐야 할까? 당장 무엇부터 시작해야 할까? 마찬가지로 이제 어떤 행동들을 멈추어야 할까? 예전에 집중했던 것들 중에서 무엇을 버려야 할까? 어떤 일에 에너지를 쏟는 것을 그만두어야 할까? 어떤 것을 그만 읽고, 어떤 것을 그만 봐야 할까? 자신이 진정 원하는 모습으로 거듭나는 데 집중하기 위해 어떤 소음을 줄여야 할지 한번 생각해보자.

그럼 이제부터 인생의 궤도를 개선하고, 나아가 하루 일상을 변화시킬 다섯 가지 핵심 믿음을 살펴보자.

언제나 사랑에
초점을 맞춰라

두려움은 비이성적이고, 과장된 생각을 부추긴다. 이는 고정관념에 의존해 사람과 상황을 바라보고, 개별적인 일들에 분노하도록 만든다. 또한 우리의 사고와 행동을 편협하게 만들고, 판단력을 흐트러뜨려 역사에 오점을 남기게 한다. 이와 반대로 사랑에 초점을 맞추면 가장 나답고 진실 된 모습이 나오게 된다.

나다운 모습에서 우러나오는 진정성은 무척 매력적이다. 나는 Y세대 또는 밀레니얼 세대가 진정성이 없는 것은 절대로 허용하지 않는 점이 굉장히 마음에 든다. 그들은 진실 된 사람과 그렇지 않은 사람을 구분할 수 있다.

나는 지식과 진정성을 모두 갖출 것을 권한다. 자신의 진짜 모습을 보여주는 동시에 많은 것을 보고 배우자. 자신의 가치를 떨어뜨리는 가장 빠른 방법은 바로 능력 없고 진실 되지 않은 사람이 되는 것이다.

사랑에 초점을 맞추자. 그러면 고객을 최우선으로 두고 사업을 꾸릴 수 있고, 다른 사람을 위하며 보다 포괄적인 관점에서 인생을 설계할 수 있을 것이다.

늘 감사하는
마음을 가져라

나는 삶의 미닫이문을 통과하는 순간에 대해 자주 생각한다. 하나의 문을 지나는 것만으로도 우리의 인생은 완전히 바뀔 수 있다.

캘리포니아의 맨해튼 비치에 있는 술집에서 루시를 처음 만났을 때만 해도 나는 호주에 대해 전혀 아는 것이 없었다. 하지만 우리는 7개월 후 결혼식을 올렸고, 그 후 나는 호주에서 내 인생의 거의 절반을 보냈다. 그날 밤 내가 다른 술집으로 향했더라면 내 인생은 지금과 완전히 달랐을 것이다!

내가 그때 그곳이 아닌 다른 곳으로 갔어도 루시와 만나게 되었을까?

내가 호주에서 계속 살 수 있었을까?

과연 지금과 같은 전문 강연자가 될 수 있었을까?

내 인생의 궤도 자체가 달라질 수도 있었다.

종종 지난날 다른 미닫이문을 통과했다면 어떤 일이 벌어졌을지 상상해보는 일은 꽤나 재밌다. 하지만 나는 내가 이제껏 통과한 미닫이문에 무척 만족한다. 루시와 내가 세 아들의 부모가 되어 이 아름다운 나라에서 가정을 꾸릴 수 있게 된 것에 정말 감사한다. 이제 내 집이 된 이곳의 아름다움을 나는 절대 당연하게 여기지 않는다.

늘 주어진 것에 감사하고, 기회에 집중할수록 감사할 일이 더 많이 생기고, 더 많은 기회가 눈에 보이게 마련이다. 주변의 자연 역시 마찬가지다. 자연에 감사할수록 그 아름다움이 한층 더 와닿는다.

나는 현재 멜버른에서 살고 있는데, 호주 사람들은 멜버른의 날씨가 엉망이라고들 말한다. 하지만 멜버른의 날씨는 사계절이 뚜렷한 것이 장점이다. 날이 점차 풀리는 것이 느껴지고, 봄의 새싹이 고개를 내밀 무렵 정원에 앉아 있으면 그야말로 아름다운 자연을 즐길 수 있다. 봄의 기운을 만끽할수록 더 많은 생명과 색감이 내 주변을 감싼다.

감사하는 마음은 더욱 감사할 일들로 이어진다는 사실을 꼭 기억하자.

남 탓하는
습관을 버려라

우리가 살면서 접하는 소음은 대부분 외부가 아닌 내면에서부터 비롯된다. 그리고 가끔 내면에서 시작된 소음은 우리를 통째로 집어삼키기도 한다. 우리는 누군가에게 상처를 받으면 그 사람을 향한 분노와 실망, 그리고 후회를 속으로 억누르려고 노력한다. 그런데 이때 발생하는 소음은 정체성에 좋지 않은 영향을 끼칠뿐더러 우리를 무기력하게 만들고, 파괴적이기까지 한 피해 의식을 더욱 부추긴다.

누구나 때때로 나쁜 일을 겪는다. 고통은 누구에게나 찾아온다. 또 우리 모두 누군가에게 강한 분노를 느끼는 경험을 한다.

그 고통이 얼마나 강렬한지, 그로 인해 어떤 피해가 생기는지는 상황에 따라 다르다. 누가 더 아프고 고통스러운지 내기하자는 것이 아니다. 그보다는 우리가 누군가를 용서할 준비가 되어 있어야 비로소 좋지 않은 감정을 떨쳐낼 수 있다는 사실을 기억했으면 한다.

남 탓하는 습관을 버려야 가장 좋은 모습의 내가 되는 데 온전히 집중할 수 있다. 다른 사람이 그 순간 발휘할 수 있는 만큼의 능력만 쏟아붓는다는 점을 깨닫는 것도 중요하다. 다른 사람에 대한 기대를 적절히 조정해야 아무런 도움도 되지 않는 분노와 집착에서 벗어날 수 있다. 용서와 기대치 조정 그리고 포기를 통해 보다 건강한 내 모습을 유지할 수 있는 방법을 고민해보자.

남을 돕는 것은
인간의 당연한 도리다

우리는 누구나 도움을 받을 때보다 도움을 줄 때 훨씬 더 큰 보람과 행복을 느낀다. 생각해보면 어렸을 때 선물을 받는 것은 세상에서 가장 신나는 일이었다. 명절과 생일은 우리가 주목받을 수 있는 흔치 않은 기회였다. 선물 상자를 열 때의 짜릿함은 그 무엇과도 비교할 수 없었다.

당연한 말이지만 아이들은 받는 것을 좋아하는 경향이 있다. 하지만 나이가 들고 타인에게 도움을 베풀어야 하는 어른이 되면서 무언가를 받고 싶은 욕구가 자연스럽게 줄어든다.

남을 돕는 것은 인간의 당연한 도리다. 어른이 되면 남에게 베

푸는 행동이야말로 우리의 삶을 보다 행복하고 보람차게 만든다
는 사실을 알게 된다. 사람마다 남을 돕는다는 것을 제각기 다르
게 해석하지만, 모두의 핵심 믿음이라는 점에는 변함이 없다.

남을 돕는 마음이 온전한 삶을 사는 데 도움이 된다는 사실을
알게 된다면 다른 사람을 진정으로 변화시킬 수 있는 기회를 찾
게 될 것이다. 그리고 이를 통해 행복을 느낄 수 있다.

삶의 목적이
명확해야 하는 이유

앞서 삶의 목적이 명확하면 자신이 내린 결정에 대해 믿음이 생기고 자신감이 높아지므로 죄책감을 줄일 수 있다고 설명한 바 있다. 그런데 사실 삶의 목적이 명확해야 하는 더 중요한 이유가 있다. 삶에 대한 목적이 확실하면 삶이 더욱 소중하고 의미 있게 느껴진다. 또 지금 당장 목표를 달성하지 못하더라도 삶에 대한 목적이 확실하다고 굳게 믿는다면 그 목표에 더욱 가까이 다가갈 수 있다.

강연을 듣다 보면 종종 연설자와 강연자가 '목적'이라는 주제를 지나치게 강조하는 모습을 볼 수 있다. 이들은 청중들에게 삶에 대한 목적이 명확해야 한다고 혼신의 힘을 다해 설득한다.

최근 한 강연자가 세 명의 아이를 키우는 여성에게 삶의 진정한 목적이 무엇인지 생각해보라고 말하는 것을 본 적이 있다. 강연자의 말에 그 여성은 이렇게 대답했다.

"매달 꼬박꼬박 공과금을 내는 것이에요. 그래야 세 아이들을 잘 키울 수 있으니까요."

그녀의 대답에 만족하지 못한 강연자는 재차 물었다. 아마도 그는 좀 더 이상적인 답변을 원하는 듯했다.

"그건 당신이 하고 있는 행동입니다."

그가 말을 이었다.

"당신의 삶의 목적이 무엇이죠?"

그녀는 그를 쳐다보더니 이내 고개를 저었다.

"무슨 말인지 전혀 이해를 못 하시네요. 아이들이 학교를 졸업할 때까지 제 목적은 공과금을 내고 좋은 엄마가 되는 거예요."

그녀의 말이 맞았다. 그것이야말로 그녀에게 있어서 가장 중요한 삶의 목적이었다. 설령 얼마 후에 목적이 바뀔지언정 현재 마주한 상황을 직시할 필요가 있다.

그런가 하면 밀레니얼 세대는 그들이 일하는 직장에서 삶의 목적을 찾는다는 연구 결과도 있다. 밀레니얼 세대는 세상을 변화시키고자 하는 욕구가 강해서 사회적으로 긍정적인 영향을 미치는 기업에서 일하고 싶어 한다는 것이다. 밀레니얼 세대가 남다른 비전과 목적의식을 가진 기업에서 배우고 익히며 삶의 소중한 시간을 보내고자 하는 것은 매우 바람직한 핵심 믿음이라고 할 수 있다.

내가 원하는 내가 되기 위한 **체크리스트**

1. 핵심 믿음이 정체성에 영향을 미친다는 것을 어떻게 생각하는가? 이러한 핵심 믿음을 받아들인 후 스스로의 정체성이 어떻게 바뀌었는가?

---

2. 당신이 가지고 있는 핵심 믿음에는 어떤 것들이 있는가? 사회적으로 어려운 상황에 놓였을 때 이러한 핵심 믿음이 당신의 행동을 어떻게 바꿀 것인가?

---

3. 남들에게 자신을 어떻게 묘사하는 편인가? 또 자신에게는 스스로를 어떻게 묘사하는가? 자신의 묘사에 만족하는가? 다른 사람에게 어떻게 보이고 싶은가? 자신이 원하는 모습대로 행동해보자.

---

4. 언론 보도에 감정적인 반응을 보인 후 나중에 누그러진 적이 있는가? 언론 메시지를 한층 더 효과적으로 추려내고, 중요한 내용과 소음을 구분하려면 어떻게 해야 할까?

---

5. 열린 마음으로 다른 사람의 의견을 보다 적극적으로 수용하고 있는가? 일상에서 예를 찾아보자.

07

인생에 도움이 되는
신념을 찾아라

"스스로 바꿀 수 없는 부분에
연연하면서 불평하는 대신
도움이 되는 신념을 찾아 도움이 되는
행동을 해보자."

나에게 도움이 되는
생각만 하라

도움이 되는 신념은 곧 도움이 되는 행동으로 이어진다. 2년 전 나는 두 번째 책인 《도움이 되는 신념: 긍정적 사고보다 훨씬 더 효과적인》을 완성했다. 결과는 매우 성공적이었다. 이 책은, 긍정적 사고는 효과가 없지만 도움이 되는 신념과 행동은 좋은 결과로 이어진다는 주장을 전제로 하는 내용이었다. 바로 이것이 소음을 줄이는 첫 번째 단계다.

만약 지난 10년 동안, 10주 동안, 또는 10개월 동안 되는 일이 없어서 마음고생 중인데 누군가 "긍정적으로 생각해보세요"라고 충고한다면 아마도 그 사람에게 주먹을 날리고 싶을 것이다.

긍정적인 생각만으로는 절대 어려운 상황에서 벗어날 수 없다.

단계별로 0에서 2까지, 그리고 2에서 5까지, 또 5에서 8까지, 그 후 계속해서 높은 단계로 올라가는 데 가장 도움이 되는 행동이 무엇인지 곰곰이 생각해보자. 도움이 되는 행동이란 실용적이고 실질적인 행동을 말한다. 즉, 성공을 위한 계획을 차근차근 실행하는 것을 가리킨다.

도움이 되는 신념은 세상에 대한 우리의 관점과 밀접하게 연결되어 있다. 《도움이 되는 신념: 긍정적 사고보다 훨씬 더 효과적인》에서 나는 망상 활성계Reticular Activating System에 대해 다뤘는데, 이는 성공과 관련해 우리 뇌에서 가장 중요한 부분이라고 할 수 있다.

망상 활성계 덕분에 우리는 매일 마주하는 수백만 개의 정보를 걸러낸다. 나는 이것을 가리켜 '빨간 도요타 이론Red Toyota Theory'이라고 부른다. 그 이유는 다음과 같다.

마지막으로 운전했을 때 도로 위를 달리는 빨간 도요타 자동차를 몇 번이나 봤는지 기억하는가? 아마 한 번도 없다고 대답할 것이다. 그 이유는 운전하면서 빨간 도요타 자동차를 찾지 않았기 때문이다. 이제 당신이 빨간 도요타 자동차를 사기로 마음먹었다고 가정해보자. 아마 가는 곳마다 빨간 도요타 자동차가

눈에 띌 것이다! 뇌의 여과 장치나 다름없는 망상 활성계는 이처럼 우리가 어느 정보에 집중할지 결정하는 역할을 한다.

우리의 뇌는 명령한 것을 찾는다. 그렇기 때문에 무엇인가에 도움이 되는 신념을 가지면 뇌는 더 많은 기회를 포착하기 위해 활발하게 움직인다.

지금이 그 어떤 때보다 아이를 낳기에 최적의 시기라고 믿는다면 더 좋은 부모가 될 수 있다. 신념을 바탕으로 당신의 어린 시절이 아니라 올해 그리고 지금 이 순간에 집중하기 때문이다. 사업을 하면서 기회가 곳곳에 널려 있다고 믿으면 뇌가 저절로 그 기회를 찾아서 움직일 것이다. 반대로 어려운 상황을 겪고 있다고 믿으면 뇌 역시 어려움에 초점을 맞춘다. 그러다 보면 상황이 더욱 악화될 수밖에 없다.

다음은 도움이 되는 신념의 예다.

- 그 어느 때보다 지금이 삶에 최선을 다할 최적의 시기다.
- 그 어느 때보다 지금이 이 업계에 종사할 최적의 시기다.
- 그 어느 때보다 지금이 이 회사에 다닐 최적의 시기다.
- 그 어느 때보다 지금이 부모가 될 최적의 시기다.
- 지금 젊은 세대는 함께 어울리기에 좋은, 흥미진진한 사람

들이다.

- 지금의 부모님 밑에서 어린 시절을 보낸 것은 운명이다.
- 삶에서 일어난 모든 일들에는 다 이유가 있다.
- 인생은 [현재 나이]부터.

　물론 이외에도 도움이 되는 신념들은 다양하게 있다. 한편 다음의 두 가지 행동은 한층 더 성장하고, 더 나은 삶을 꾸리는 데 방해가 되므로 지양해야 한다.

- 스스로 통제할 수 없는 것에 대해 불평하기
- 스스로 바꿀 수 없는 것에 대해 불평하기

내가 바꿀 수 없는 일에는
신경을 꺼라

나는 작년 한 해 동안 153회의 강연을 하기 위해 127번 비행기에 올라탔다. 비행시간으로만 따져도 엄청나다! 만약 비행기를 타고 멀리까지 가기를 원치 않는다면 방법을 바꿀 수도 있을 것이다. 바로 내가 살고 있는 멜버른 근처 지역에서만 강연을 하는 것이다. 하지만 이는 내 수입과 생활 방식에 영향을 주기 때문에 나는 출장을 줄일 마음이 없다. 이럴 때에는 차라리 도움이 되는 신념을 가지는 편이 더욱 긍정적이다.

그렇다면 잦은 비행에 도움이 되는 신념에는 무엇이 있을까? 다행히도 나는 비행기 타는 것을 무척 좋아한다! 공항도, 기내

식도 모두 좋아한다. 일주일에 이틀은 낯선 호텔에서 지내야 하지만, 운 좋게도 나는 호텔도, 호텔 침구도 좋아하는 편이다. 직업상 차를 타고 이동하면서 도로 위에서 많은 시간을 홀로 보내야 하지만 문제없다. 왜냐하면 나는 고독을 즐기기 때문이다! 외롭다고 느낄 때에는 외로움이라는 감정 대신 고독을 즐겨보자. 분명 고독은 충분히 긍정적인 힘이 될 수 있다.

우리는 누구나 자신의 삶을 특정한 방식으로 설계하며 살아가고 있다. 스스로 바꿀 수 있는 부분도 많지만, 그렇지 못한 부분도 분명 존재한다. 이러한 사실을 인정하고 자신의 힘으로 바꿀 수 없는 것들에 대해서는 신경을 끄고, 도움이 되는 신념에 집중하는 편이 훨씬 현명한 방법이다.

도움이 되는 생각을
실천에 옮겨라

스스로 바꿀 수 없는 부분에 연연하면서 불평하는 대신 도움이 되는 신념을 가져보자. 그런 다음, 생각을 실천에 옮기듯 도움이 되는 행동을 해보자.

내가 받았던 두 통의 이메일을 한번 살펴보자.

첫 번째 이메일은 평생 불안과 우울증에 시달리고 있는 스물여덟 살의 여성이 보낸 것이었다. 그녀는 줄곧 가족들에게서 행복하고 긍정적인 생각을 하라는 이야기를 들어왔다고 했다. 하지만 그녀는 어떤 기쁨도 느끼지 못했다. 긍정적인 생각도 할 수 없었다. 그러던 중 내가 강연에서 "긍정적 사고는 아무 효과가 없습니다"라고 말하는 것을 보고서 어깨를 짓누르던 무거운 짐이 사라지는 듯한 기분이 들었다고 했다. 비로소 긍정적이어야 한다는 압박감에서 벗어날 수 있었던 것이다.

세 달 후, 그녀는 내게 전화를 걸어 자신에게 놀라운 일이 일어 났다고 말했다. 그녀는 매일 아침 눈을 뜨면 스스로에게 '오늘 하루를 잘 보내기 위해 무엇을 하는 것이 가장 도움이 될까?'라고 물었다고 했다. 그 결과 그녀는 마음먹은 일들을 행동으로 옮기게 되었고, 중간 과정에 대해서도 훨씬 편하게 생각하게 되었다고 했다.

"그전보다 훨씬 더 행복해졌어요!"

행복이란 우리가 달성해야 할 목표가 아니라 보람찬 인생을 살다 보면 얻게 되는 결과다.

두 번째 이메일은 일 년 전 사고로 인해 신체의 3분의 1에 화상을 입은 남성에게서 온 것이었다. 그는 사고 후 일 년 동안 화상의 상처를 생각하며 슬픔에 빠져 있었다고 했다. 그런 그를 과연 누가 비난할 수 있겠는가?

그가 이메일과 함께 보낸 사진에는 선물 받은, 도움이 되는 신념을 손에 든 채 수술실에서 나오는 그의 모습이 담겨 있었다. 그는 이제 더 이상 슬퍼하지 않을 것이라고 말했다. 지난 일 년의 시간 동안 슬픔과 좌절에서 헤어나오지 못했지만, 이미 일어난 일을 바꿀 수는 없다는 사실을 깨달은 지금은 앞을 보며 평생 도움이 되는 신념을 갖기 위해 노력할 것이라고 덧붙였다. 이는 소음을 줄이는 첫 번째 단계다.

많은 사람들이 소음 속에 자신을 방치한다. 눈앞에 보이는 문제들에 골머리를 싸맨 채 소음의 방해를 받으면서 정작 중요한 것을 놓치고 만다. 매일 발생하는 소음에 빨려들어가는 것이다. 우리 모두 살다 보면 힘든 일을 겪을 때가 있다. 나에게 이메일을 보낸 남성처럼 너무나도 충격적이고, 아픈 시련과 마주하기도 한다. 그의 인생은 이제 예전으로 돌아갈 수 없다. 하지만 앞으로 남은 인생을 충분히 멋지게 살아갈 수 있다.

도움이 되는 신념은 10대들에게도 유용한 개념이다. 얼마 전 아들 제이크가 수학여행으로 르완다와 우간다를 다녀왔다. 열여섯 살 소년에게는 엄청난 경험이었을 것이다. 제이크와 친구들은 르완다의 끔찍한 내전을 보다 잘 이해하기 위해 현지 학교를 견학하고, 고아원 아이들을 만나고, 또 박물관을 관람했다.

호주에서 먼 거리를 날아 우간다에 도착한 제이크는 짐을 가지러 수화물 찾는 곳으로 향했다. 그런데 무슨 영문인지 가방은 찢어져 있었고, 컨베이어 벨트 위로 제이크의 옷가지가 아무렇게나 흐트러져 있었다. 시드니 공항에서 비슷한 일이 일어난다면 출장이 잦은 사업가라도 눈살을 찌푸릴 텐데, 해외여행이 처음인 10대 소년에게 이런 일이 벌어졌으니 오죽했을까. 하지만 제이크는 내게 보낸 문자메시지에 이렇게만 전했다.

"아빠, 우간다에 잘 도착했어요. 가방이 찢어지기는 했는데, 별일 아니에요. 테이프로 잘 붙였어요. 공항에서는 가방을 안 판대요. 나중에 살 수 있으면 가방을 새로 사려고요."

아들의 문자메시지 내용은 그야말로 도움이 되는 생각, 도움이 되는 신념을 대표하기에 충분했다.

인생에 도움이 되는 신념을 찾기 위한 **체크리스트**

1. 현재 겪고 있는 어려움에 도움이 되는 신념이 있는가? 어려움을 더욱 잘 극복하기 위해 도움이 되는 신념을 바꾼다면 어떤 새로운 신념을 만들겠는가?

2. 자신이 원하는 사람이 되기 위해서 습관처럼 할 수 있는, 가장 도움이 되는 행동에는 어떤 것들이 있는가?

3. 도움이 되는 신념이란 지금까지 일어난 모든 일에 이유가 있다고 생각하는 것을 말한다. 살아오면서 겪었던 일들 중에서 고통의 원인이 아니라 오늘의 나를 만든, 교훈으로 삼을 수 있는 것에는 무엇이 있는가? 착하게 사는 사람들에게도 나쁜 일은 일어난다. 힘든 경험을 상처가 아닌 밑거름으로 활용할 수 있는, 도움이 되는 방법들을 생각해보자.

CUT
THE
NOISE

3부

소음을 줄이는
10단계 기술

| 총정리 편 |

"소음을 줄이는 기술을 익혀라.
그러면 하루하루가 기회로
충만해질 것이다."

소음을 줄이면
기회가 보인다

오늘날 우리에게 주어지는 기회는 전례 없이 많다. 그런 만큼 기대 또한 전례 없이 높다. 이 책에서는 이러한 기회를 최대한 활용할 수 있는 방법들을 소개했다.

내 목표는 완벽해야 한다는 강박관념과 기대를 충족시키기 못했을 때 느끼는 죄책감으로부터 여러분을 해방시키는 것이다. 이 책에 나오는 소음을 줄이는 기술을 잘만 활용한다면 앞으로 여러분은 더욱더 행복하고 건강하며 효율적인 삶을 만들어나갈 수 있게 될 것이다.

지금까지 살펴본 것을 총정리 해보고자 앞서 설명한 소음을 줄이는 기술을 10단계로 다시 한 번 이해하기 쉽게 정리했다. 각각의 단계에 대해 곰곰이 생각해보고, 공감이 가는 방법들을 실전에 응용해보자.

항상 완벽해 보일
필요는 없다

많은 사람들이 완벽해 보이기 위해서 노력하는데, 이는 결코 달성할 수 없는 목표다. 서로 긴밀하게 연결된 이 세상에서 우리는 사람들 앞에 가장 좋은 모습을 선보이고 싶어 한다. 그런데 이것이 나 자신을 바라보는 관점에 영향을 주지는 않도록 주의해야 한다.

자신이 하는 말 중 가장 중요한 것은 혼자 있을 때 스스로에게 하는 말이다. 하지만 실제로는 자기 자신에게 가장 험악하고 잔인한 말들을 퍼붓는 사람이 많다. 이것은 곧 의식적으로 깨어 있는가의 문제로 연결지어볼 수 있다.

인정받고 싶은 욕구가 너무 크거나 다른 사람과 나를 비교하는 마음이 너무 크면 위험하다. 소셜 미디어를 즐기는 것은 좋지만 이를 자존감과 연결 짓지는 않도록 주의해야 한다.

우리 모두 최선을 다해 노력하면서 살고 있다. 너무 완벽해 보이기 위해 애쓰는 것은 자신을 소모시킬 뿐이며, 멋진 삶을 사는 데 방해가 된다는 사실을 명심하자.

02
단계

죄책감은 10초만 느끼고
다른 생각으로 넘어가라

내 주위의 모든 사람을 만족시키기란 불가능한 일이다. 최선을 다하되, 자신이 모두를 다 만족시킬 수는 없다는 사실을 잊지 말자.

사람은 누구나 실수를 한다. 그리고 누구나 바보 같은 말을 한다. 죄책감이라는 감정을 자각하는 것도 중요하지만, 그 감정에 너무 휩쓸리지 않도록 주의해야 한다. 만약 어떤 일에 죄책감이 느껴진다면 10초 동안만 죄책감을 느낀 다음, 다른 생각으로 넘어가도록 하자.

얼마 전 나는 강연을 하기 위해 애들레이드에 간 적이 있었는데, 일정 도중 시드니에 있는 회사와 아침 9시에 전화 회의를 진행해야 했다. 그날 나는 8시 15분에 스마트폰을 방 안에 충전시켜둔 채 호텔 식당으로 내려가 아침 식사를 했다. 그리고 8시 50분에 다시 방으로 돌아와 보니 네 통의 부재중 전화가 걸려와 있었다. 그제야 나는 애들레이드 시간으로 9시면 시드니 시간으로 9시 반이라는 것을 깨달았다. 이미 회의 시간을 놓쳐버린 것이었다.

나는 곧장 고객에게 전화를 걸어 사과했고, 다행히 고객은 시차를 잘못 계산한 나를 이해해주었다. 하지만 그녀 외에도 네 명이 더 전화 회의에 참석하고 있다는 것을 알았기에 나는 마음이 불편했다. 당연히 모르고 저지른 실수였고, 나쁜 의도도 없었다.

나는 전화기를 내려놓고 깊이 숨을 들이마셨다. 하지만 내가 할 수 있는 일은 아무것도 없었기에 그저 10초 동안만 죄책감을 느낀 다음, 다른 생각으로 넘어갔다.

03
단계

여섯 개의
우선순위를 정하라

　　자신이 가장 많은 시간을 할애하는 활동과
사람들에 대해서 한번 생각해보자. 그런 다음, 중요도를 나타내
는 여섯 개의 원을 그려보자.

　　대부분의 사람들은 크게 여섯 개의 중요한 부분에 집중하는 경
향이 있다. 대개 가족, 직장, 친구, 건강, 지역 사회 그리고 개인적
인 시간으로 구분된다.

　　여섯 개의 우선순위를 정한 다음에는 각 그룹에 동그라미를 그
려보자. 각각의 동그라미를 위해 할애하는 시간을 우선순위에 따
라 정해야 한다. 두 개 이상의 원이 겹칠 때 어떤 원을 우선순위

에 두어야 할지 결정하는 것 또한 중요하다. 장담하건대 분명 원이 겹치는 상황이 생길 것이다.

이제 어느 정도 시간을 차지하기는 하지만 여섯 개의 원에는 포함되지 않는 활동과 사람들에 대해 생각해보자. 이러한 일들을 위해 시간을 할애해야 하는 상황이 되었을 때에는 거부할 줄 아는 것이 중요하다.

우리는 종종 중요도를 나타내는 여섯 개의 원에 포함되지 않는 일을 하느라 시간을 보내는 경우가 있는데, 이럴 때에는 주저 없이 거부해야 한다. 물론 그 후에는 10초 동안 죄책감을 느낀 다음, 다른 생각으로 넘어가자!

목적이 분명하면
집중력이 가속화된다

중요도를 나타내는 여섯 개의 원과 그에 해당하지 않는 일들을 구분했다면 이제는 가속화된 집중력을 발휘해 지금 당장 해야 할 일에 온전히 집중해야 한다. 연구 결과에 따르면 한꺼번에 여러 일을 처리할 때보다 한 가지 일에 집중할 때 일의 효율성이 더 높아진다고 한다.

가속화된 집중력의 핵심은 일의 목적을 정확하게 파악하는 것이다. 예를 들어 영업사원에게는 잠재 고객을 확보하는 것이 목적이 될 수 있다. 이 경우 미리 정해놓은 시간 동안에는 잠재 고객의 리스트만 파고드는 것이 중요하다. 또 운동의 경우에는 몸을 움직이는 데에만 집중해야 최고의 결과를 얻을 수 있다. 가족과 시간을 보낼 때 역시 다른 일들에 방해받지 않고 그 순간에 온전히 몰두해야 한다.

목적을 수시로
점검하라

어떤 일을 하든 목적이 분명하면 그에 따른 죄책감을 줄이거나 아예 없앨 수 있다. 내 어머니가 베트남으로 건너가 베이비리프트 작전에 참여한 이야기는 목적이 얼마나 중요한지를 보여주는 훌륭한 예다. 애초에 그 일을 왜 시작했는지 목적을 다시금 떠올렸을 때 어머니의 죄책감과 두려움은 감쪽같이 사라졌다.

우리는 종종 하던 일을 잠시 멈추고 그 일을 왜 하고 있는지 생각해볼 필요가 있다.

• 애초에 무엇 때문에 이 일을 하게 된 것일까?

• 이 일이 더 큰 목적을 달성하는 데 도움이 될까?

여섯 개의 원에 해당하는 일에 가속화된 집중력을 발휘한 줄 알았는데, 나중에 돌아보면 전혀 중요하지 않은 일에 애를 쓴 경우도 종종 있다. 그렇기 때문에 때때로 목적을 다시 한 번 점검하는 자세가 필요하다.

장애물에 집중할수록
성공 확률이 높아진다

콘퍼런스에 가보면 많은 사람들이 내가 제안하는 새로운 아이디어에 흥분하곤 한다. 그러면 나는 그 자리에서 새로운 목표와 행동을 쭉 적은 다음, 사무실에 돌아가자마자 실천에 옮겨야겠다고 다짐한다. 그러나 대개 일상적인 업무가 시작되면 예전에 했던 방식 그대로 돌아가는 것이 다반사다. 그리고 새로운 목표와 행동으로 가득 찬 종이들은 사무실의 가장 암울하고 쓸쓸한 모퉁이 한쪽에 처박힌다. 어느새 실천하지 못한 일들과 달성하지 못한 목표들이 빼곡히 적힌 종이는 평생 외면당한 채 누렇게 변해버리고 만다. 전문 강연자로서 스스로 가장 안타깝게 생각하는 부분이다.

새로운 습관을 만들거나 목표를 달성하기 위한 행동을 실천에 옮기려면 가장 먼저 방해가 되는 장애물에 집중해야 한다. 부정적인 것에 초점을 맞추라니, 말도 안 된다고 생각하는 사람도 있을 것이다. 하지만 연구 결과에 따르면 어떤 일을 하는 데 있어서 방해 요소들을 해결할 전략을 미리 짜놓을수록 성공할 확률이 더욱 높아진다고 한다.

아름다운 햇살이 비치는 아침에는 조깅을 하겠다는 목표를 수월하게 행동으로 옮길 수 있다. 하지만 비가 추적추적 내리는 날에는 이불 속에서 나오기 싫을 수도 있으므로 이때에 대비해 전략을 세워야 한다. '이럴 때는 이렇게 하자'는 전략을 활용해보자. '아침에 비가 올 가능성이 높을 때에는 알람시계를 침대 반대편에 두고 그 밑에 운동화를 두어야지'라고 미리 생각해두는 식으로 말이다. 간단한 전략만으로 목표 달성을 방해하는 장애물을 제거할 수 있다.

- 인생의 장애물에는 어떤 것들이 있을까?
- 직장에서 내 일을 방해하는 것들은 무엇일까?
- 무엇 때문에 집중력이 흔들리는가?

이 질문들에 답해보며 스스로 목표에 더욱 집중할 수 있도록 '이럴 때는 이렇게 하자'는 전략을 세워보자.

07
단계

모든 일이
재미있을 수는 없다

요즘처럼 즉각적인 만족감을 좇는 세상에서는 어렵고, 즐겁지 않은 일을 하는 것이 더욱 힘들게 느껴진다. 최근 한 연구 결과에 따르면 많은 젊은이들이 직장에서 짧은 기간 내에 큰 변화를 일으킬 수 있다고 믿는 것으로 나타났다. 자신이 조직 내에서 빠르게 승진해 노력에 대한 대가를 두둑이 받을 것이라고 믿고 있기 때문에 당연히 기대치도 높다. 하지만 문제는 자신이 생각한 대로 일이 풀리지 않으면 환멸을 느낀다는 것이다. 이들은 중요하지 않은 일은 재미없으며, 항상 보다 크고 핵심적인 일을 해야 한다고 믿는다.

이럴 때 일을 세 가지 카테고리로 나누는 방법이 도움이 된다. 먼저 모든 일이 재미있을 수는 없다는 사실을 받아들여야 한다. 이를 통해 즐겁지 않더라도 지금 당장 해야 하는 일에 가속화된 집중력을 발휘할 수 있다.

대개 사랑, 돈 그리고 목표 달성이라는 세 가지 카테고리로 분류할 수 있다. 즐거운 일은 가족, 친구, 건강 그리고 개인적인 시간과 관련 있으며, 사랑이라는 카테고리에 속한다. 따라서 마음껏 즐겨도 좋다! 돈을 벌기 위해 일을 하는 것이라면 굳이 재미있지 않아도 괜찮다. 눈앞에 있는 업무와 그 일을 하는 목적, 즉 돈을 버는 것에 가속화된 집중력을 발휘해보자.

종종 즐겁지도 않고, 돈을 많이 벌지도 못하지만 해야 하는 일들이 있다. 가령 냉장고 청소를 떠올려보자. 귀찮더라도 목표를 설정한 후에는 소매를 걷어붙이고 최선을 다해야 한다. 우리는 지루한 일을 하면서 즐겁지 않다고 불평을 한다. 그런데 모든 일이 재미있을 필요는 없다는 사실을 인정하면 집중력이 가속화된다.

현실적인 목표를 세우자. 어떤 일이든 제대로 끝낸 후에는 목표를 달성했다는 뿌듯함을 느낄 수 있을 것이다.

결과에 대한
집착을 버려라

나는 일단 목표를 세운 후에는 이를 달성하기 위해 있는 힘껏 노력하는 편이다. 지금까지의 경험으로 미루어보면 결과에 대한 집착을 버릴 때 가장 좋은 아이디어와 결과를 얻을 수 있었다. 그래서 나는 최선을 다해 준비하고 실행한 후에는 다섯 살짜리 아들이 한 말처럼 '보게 되면 보는 거지'라고 생각한다. 결과를 위해 최선을 다하지 말라는 이야기가 아니다. 모든 일이 계획대로 이루어지지는 않는다는 사실을 받아들여야 한다는 것이다.

가끔씩 새로 만난 사람으로 인해 중요한 일에 대한 견해가 완전히 바뀌기도 한다. 또한 다른 길로 인도하는 더 나은 아이디어가 떠오를 때도 있다. 그 순간을 즐기다 보면 원래의 목표를 달성하는 것이 중요하지 않다는 것을 깨닫기도 한다.

결과에 집착하다 보면 일이 벌어지는 상황 자체를 즐길 수 없다. 예상했던 대로 일이 진행되지 않는다고 해도 좌절할 것 없다. 오히려 더 좋은 결과로 이어질 수도 있기 때문이다.

아예 계획을 세우지 말라는 것이 아니다. 계획을 실행하려면 완벽한 집중력과 비전 그리고 끈기가 있어야 한다. 등산과 똑같다. 정상으로 이어진다고 믿는 길을 따라 묵묵히 올라가다 보면 예상치 못한 곳에서 길이 갈리기도 한다. 그러나 경험과 지식에서 우러나온 추측에 따라 낯선 길로 들어서다 보면 위대한 모험이 시작되는 경우도 있다.

도움이 되는 신념이
무엇일지 고민하라

하고자 하는 일과 도움이 되는 신념을 일치

시키는 것은 매우 중요하다. 스스로에게 다음과 같은 질문을 던

져보자.

'이 상황에서 가장 도움이 되는 신념은 무엇일까?'

'내가 가고자 하는 곳에 더 가까워지기 위해 오늘 할 수 있는

가장 도움이 되는 일은 무엇일까?'

무조건 긍정적 사고를 강요하는 것은 효과가 없다. 아침에 침

대에 누운 상태로 '자, 오늘은 긍정적으로 생각하자. 할 수 있

어!'라고 스스로 타일러도 10시쯤 긍정적인 생각이 수그러들면

오히려 자신감이 떨어진다는 연구 결과도 있다.

　도움이 되는 신념은 실질적이고 현실적인 방안을 제시한다. 목표 달성을 위해 어떤 도움이 되는 신념을 가져야 할지, 도움이 되는 행동에는 무엇이 있을지 고민해보자.

10단계

핵심 믿음과 정체성이 행동을 결정한다

지금까지 자신의 삶에 영향을 끼친 핵심 믿음에 대해 한번 생각해보자. 핵심 믿음은 우리의 행동을 결정하는 토대가 된다.

외부로부터 전달되는 소음을 줄이는 데 핵심 믿음을 활용해보자. 정체성에 대한 부정적인 생각을 걷어내고, 내가 원하는 정체성이 무엇인지 확실하게 이해하는 것이 중요하다.

'행복하고, 즐겁고, 친절하고, 열정적이고, 재능 있고, 매력적이다' 등 스스로를 묘사할 긍정적인 단어는 셀 수 없이 많다. 그런가 하면 자신을 부정적으로 묘사할 단어 또한 다양하다. 좋지 않은 모습일수록 더욱 눈에 띄는 법이다.

'어떤 믿음이 내게 더 도움이 될까?'

'나라는 사람의 중심에는 무엇이 있을까?'

'나는 누구이고, 무엇을 나타낼까?'

자기 자신에 대해 명확하게 알아야 어려운 결정도 보다 쉽게 할 수 있다. 핵심 믿음과 정체성이 행동을 결정한다는 사실을 잊지 말자. 나의 정체성을 찾으면 놀라운 결과를 얻을 수 있다.

내 안의 소음을 줄이기 위한 체크리스트

1. 모든 면에서 완벽한 모습을 보이려고 노력하며 자신을 너무 몰아세우고 있지는 않은가? 혼자 있을 때 스스로에게 어떤 말을 주로 하는지 되새겨 보자.

---

2. 실수를 했을 때 죄책감에 빠져 자신을 괴롭히지는 않는가? 10초 동안만 죄책감을 느낀 다음, 다른 생각으로 넘어가는 방법이 아직까지는 자신 없게 느껴지는가?

---

3. 어떤 일을 할 때 우선순위를 정해두고 하는 편인가? 여섯 개의 우선순위 에 포함되지 않는 일에 신경이 쓰여 여러 가지 일을 한꺼번에 하며 시간 을 낭비하고 있지는 않은가?

---

4. 어떤 일을 하는 데 있어서 방해 요소들을 해결할 전략을 미리 짜놓고 있 는가?

---

5. 모든 일을 즐겁게 해야 한다는 강박관념에 사로잡혀 있지는 않은가?

---

6. 과정을 무시하고 결과에만 집착하고 있지는 않은가?

---

7. 나에게 도움이 되는 신념, 핵심 믿음, 정체성을 확고히 하기 위해 어떤 노력을 하고 있는가?

소음을 줄이고
나 자신과 소통하라

—

중요한 것에 집중하라

얼마 전 나는 깜깜한 밤에 해변에 앉아 부서지는 파도를 바라보며 다시금 바다의 엄청난 에너지에 감탄했다. 강렬한 힘을 뿜어내는 바다를 보고 있다 보면 바닷물이 멀고 먼 길을 여행한 끝에 그 파도가 목적지에 다다른다는 사실을 깨닫곤 한다. 반짝이는 별로 수놓아진 밤하늘을 올려다보면서 나는 이러한 자연의 힘을 완벽히 이해하는 것은 거의 불가능하다고 생각했다.

우리는 세상 속의 아름답고 중요한 것들을 너무 쉽게 놓치고 만다. 필요한 양의 산소와 중력, 그리고 다른 자원과 에너지가 있어 지구 위에서 생명체가 살 수 있다는 사실은 정말 놀랍고 신기한 일이다. 지구는 엄청난 행성이다! 노을과 일출, 해변, 산, 바다, 강, 호수, 야생동물, 숲, 그리고 수천 년 동안 약속한 듯이 찾아오는 계절 또한 마찬가지다. 자연은 항상 우리에게 경외심을 갖게 한다.

자연에 대해 경외심을 갖는 것은 인간의 자연스러운 모습이다. 우리보다 더 크고 웅장한 자연을 느끼고 경험하면서 우리는 삶의 틀을 마련한다. 자연은 우리의 호기심을 자극하고, 기쁨을 주기도 한다. 이 모든 것이 인간이라는 신비로운 존재를 만드는 것이다.

이제껏 지금처럼 편리한 시기는 없었다. 기성세대들이 TV가 나오기 전을 기억하고 있는 반면, 젊은 세대들은 컴퓨터와 태블릿 PC 그리고 스마트폰을 통해 즉각적으로 연결되는 세상 외에는 상상할 수도 없다고 말한다.

이제 소셜 미디어를 통해 내가 원하는 모습도 공유하고, 내 생각도 실시간으로 올릴 수 있다. 이는 과거에는 보지 못한 흥미진진한 영역이다. 그러나 동시에 긴밀하게 연결된 사회는 우리로 하여금 무수히 많은 것들에 집중하도록 유도한다. 인터넷에서

동영상을 보거나 소셜 미디어를 하다 보면 시간이 어느새 훌쩍 지나버리기 십상이다.

온갖 종류의 정보도 우리 앞에 쏟아지고 있다. 물론 그중에는 유익하고 집중할 만한 가치가 있는 것들도 있지만, 방해가 될 뿐만 아니라 방심할 경우 영혼에 상처를 입을 수 있는 정보도 수두룩하다.

나는 이 책을 통해 여러분이 중요한 것을 구분하고, 시간을 효율적으로 사용하는 데 집중해 보다 보람찬 삶을 살도록 돕고자 한다. 어느 것에 집중해야 할지 결정하려면 여러 가지 중요한 요소들을 잘 살펴봐야 한다.

나 자신과 친구가 되어라

나는 무엇보다 여러분이 이 책을 즐겁게 읽었기를 바란다. 나는 '소음을 줄이라'는 핵심을 제대로 전달하기 위해 최대한 간단하고 명료하게 구성하려고 노력했다. 한 번에 쭉 읽을 수 있는 짧은 책을 쓰는 것이 내 목표였다. 짧지만 강한 인상이 남는 경험을 선사하고 싶다.

이 책은 당신이 삶이라는 긴 여정 속에서 자기 자신에게 친절하게 대할 수 있도록 돕기 위해 썼다. 의식적으로 깨어 있는 상태에서 시간을 최대한 활용할 수 있는 방법을 찾도록 안내하는 것이 이 책을 쓴 목적이다. 살다 보면 누구나 실수를 하기 마련이다. 평생 실수를 하지 않는 사람은 없다. 실수 때문에 평생 자책할 필요는 없다. 이는 아무런 도움도 되지 않는다.

친절하게, 감사하는 마음으로 나 자신과 소통해보자. 스스로의 가장 친한 친구가 되는 것이 중요하다.

감사의 말

한 명, 한 명 일일이 적을 수 없을 정도로 감사의 말을 전하고 싶은 사람들이 많다. 내 아이디어들이 생각지 못했던 대화에서 시작한다는 것이 늘 놀랍고 신기하다. 소중한 시간을 할애해 대화를 나누고, 세상을 더 나은 곳으로 만들기 위한 여러 가지 생각과 열정을 공유해준 모든 사람들에게 감사의 말을 전한다. 특히 세 번째 책을 함께 작업하면서 지지와 도움을 아끼지 않았던 루시 레이몬드와 와일리 출판사에 감사의 말을 전한다.

핵심 믿음과 관련된 대화를 나누었던 듀안 켈더만에게도 감사의 말을 전하고자 한다. 앞으로도 함께 일하며 더 많은 이야기와 아이디어를 나누었으면 한다. 듀안은 나의 아버지와 함께 작업하기도 했는데, 그의 이메일을 받을 때마다 마치 아버지에게서 이메일을 받는 듯한 기분이었다. 아버지가 많이 그리운 만큼 듀안의 글이 더욱 소중하게 느껴진다.

글을 쓰는 작업에 많은 도움을 주었을 뿐만 아니라 자신의 아이디어를 들려주고, 업무에 대한 열정을 아끼지 않은 조수 페니 라이언에게도 감사의 말을 전한다.

매일 나에게 영감을 불어넣어주시고, 베이비리프트 작전과 관련된 이야기를 들려주신 나의 어머니 캐럴 데이에게도 감사하다고 말하고 싶다.

물론 나의 훌륭하고 아름다운 가족에게 가장 큰 감사의 말을 전한다. 바쁜 일정을 잘 이해해주고 배려해줘서 무척 고맙다. 말이나 글로는 설명할 수 없을 만큼 사랑한다는 말을 전하고 싶다.

내 안의
소음을
줄여라

1판 1쇄 인쇄 2018년 7월 13일
1판 1쇄 발행 2018년 7월 25일

지은이 크리스 헬더
옮긴이 김은지
펴낸이 여종욱

책임편집 권영선
디 자 인 여만엽

펴낸곳 도서출판 이터
등   록 2016년 11월 8일 제2016-000148호
주   소 서울시 영등포구 선유로33길 2-2 아테네 101동 602호 (07268)
전   화 02-2679-7213 **팩   스** 02-2679-7214 **이메일** nuri7213@nate.com

ISBN 979-11-960074-9-2 (03190)

이 도서의 국립중앙도서관 출판시도서목록(CIP)은 e-CIP 홈페이지
(http://www.nl.go.kr/cip.php)에서 이용하실 수 있습니다. (CIP제어번호:CIP2018020939)

값은 뒤표지에 있습니다.
잘못 만들어진 책은 구입처에서 교환해 드립니다.